★ * ★

COPA DO BRASIL 2008
HÁ CINCO ANOS O BRASIL ERA RUBRO-NEGRO!

BB EDITORA

BB

1ª edição

Recife
2013

PREFÁCIO

André Gallindo (Jornalista – Rede Globo)

★ * ★

O relógio marcava meio-dia.

- O clube não deveria se chamar Recife?

A pergunta me surpreendeu duplamente. Pela indagação em si, algo que na prática eu nunca havia pensado, e pelo autor do questionamento, o goleiro Magrão.

Nós estávamos a poucas horas de estrear na Libertadores da América. Eu como jornalista, ele como dono da camisa 1 do Sport. O goleiro era nosso convidado a participar ao vivo do Globo Esporte. Uma operação arriscada porque dependia do bom humor da conexão da internet do Hotel Intercontinental, em Santiago, no Chile.

Mas tudo funcionou no cenário montado pela nossa equipe, o quarto 701. Através de uma webcam, via Skype, o goleiro falou sobre o entusiasmo em disputar a competição sul-americana e a emoção provocada pela recepção da torcida leonina no desembarque do time no Aeroporto Arturo Merino Benítez. Minutos antes das minhas perguntas, Magrão mandou a dele:

- O clube não deveria se chamar Recife? Porque é Sport Club do Recife, então, seria Recife. Como Sociedade Esportiva Palmeiras virou Palmeiras.

Não deu tempo de pensar, nem de responder. Entramos ao vivo, Magrão voltou ao restaurante para almoçar com a delegação e, após a palestra do técnico Nelsinho Baptista, ao cair da tarde na capital chilena, enfrentou um saguão abarrotado de torcedores que se aglomeravam também diante do hotel na Avenida Vitacura.

O entusiasmo da torcida se justificava pela longa ausência na competição continental. Em 2009, o Sport completava 21 anos da primeira participação na Libertadores, disputada em 1988, após o título brasileiro do ano anterior. Dois mil rubro-negros, segundo os carabineros, a polícia local, promoveram a maior invasão de torcedores de um time brasileiro em jogos no Chile.

Os milhares que cruzaram os 4.600 quilômetros entre o Recife e Santiago, somados aos milhões que ficaram no Brasil, sabiam que naquele roteiro apenas a festa era item garantido, e que pouco permitia grandes ilusões em campo. Passar pelo Grupo 1 seria dureza, talvez do tamanho da conquista que credenciou o clube a retornar à Libertadores, afinal, na Copa do Brasil 2008, o Sport bateu Palmeiras, Internacional, Vasco e Corinthians. No chamado 'grupo da morte', os adversários seriam três ex-campeões da Libertadores, o Colo-Colo (1991), o Palmeiras (1999) e a LDU (2008).

O estádio Monumental David Arellano, emoldurado pela Cordilheira ao fundo, estava lotado. No início, a voz dos dois mil rubro-negros foi abafada por 43 mil hinchas. Mas o volume foi se invertendo ao passo dos surpreendentes acontecimentos em campo.

Um primeiro tempo de almanaque do time comandado por Nelsinho Baptista. Marcação eficiente e ataque cirúrgico, com Ciro, a joia do time na época, que abriu o placar e ainda deu uma assistência para Wilson. Dois a zero. E foi pouco. Na etapa final, o argentino Lucas Barrios, então estrela do Colo-Colo, diminuiria, mas o time chileno não evitou a primeira derrota em casa pela Libertadores da América.

Aquele 18 de fevereiro de 2009 já teria elementos suficientes para grudar nas retinas e na memória afetiva da torcida do Sport. Mas uma defesa pediu licença e, por mérito, também entrou para a história do jogo, do clube e, porque não, da competição.

O placar estava 2 a 1. A pressão chilena era do tamanho dos Andes. O cronômetro do árbitro argentino Saúl Laverni marcava exatamente 26 minutos e 51 segundos do 2º tempo quando o conterrâneo do juiz, o meia Carranza, ajeitou o corpo e mandou de esquerda. A bola branca da 50ª edição da Libertadores viajou vinte e cinco metros dando voltas em torno de si. O endereço estava desenhado na trajetória retilínea do potente chute do camisa 11 do Colo Colo. Ela estufaria a rede na baliza colada aos fanáticos da Garra Branca, a principal uniformizada do time chileno.

Mas o trajeto da bola foi interrompido por uma mão direita. A mão de Alessandro Beti Rosa, o paulista que se apaixonou por futebol ao acompanhar o pai dono de um bar dentro do estádio do Morumbi. Fez o destino a artimanha de tornar o filho mais velho de Seu Félix - nome de goleiro campeão do mundo -, um jogador que figuraria na escalação histórica de um dos mais tradicionais clubes do país.

O apelido leva o mesmo M de Manga, arqueiro do Sport no fim dos anos de 1950 e considerado por muitos o maior goleiro brasileiro da história. Mas Manga não permaneceu na Ilha do Retiro o suficiente para disputar vaga com Magrão no hall dos 11 eternos do Sport. O currículo de Magrão o torna incomparável: seis títulos, sendo uma Copa do Brasil, quase 500 partidas com o mesmo escudo ao peito. Magrão das conquistas, dos números, mas, principalmente, das defesas inacreditáveis, como aquela no Estádio Monumental que garantiu a vitória do Sport (que terminaria líder do 'grupo da morte').

O relógio marcava meia-noite.

Na madrugada do dia 19, ao retornar para o Intercontinental, cruzei com Magrão. Dei os parabéns pela defesa, pela vitória, e voltei ao assunto do quarto que me martelou por longas doze horas.

- Olha, seguindo o seu raciocínio, o Corinthians deveria se chamar Paulista, porque é Sport Club Corinthians Paulista. Então, Magrão, passe a chamar o seu Corinthians de Paulista, por favor.

Brinquei com o goleiro que torcia pelo Timão na infância. Mas Magrão não estava disposto a perder nada naquela noite, nem jogo, nem piada.

- O meu Corinthians, não. O meu Sport. E a porta do elevador se fechou.

RECIFE
JUNHO DE 2013

★ ★ ★

A altura em que os sonhos podem chegar, muitas vezes, a gente não consegue medir. Para um garoto nascido na COHAB de Carapicuíba - SP, alguns sonhos seriam muito distantes ou quase impossíveis. Consegui guardar nos cofres internos do coração, histórias de superação, nos laços de amor pela família, nas amizades verdadeiras e acima de tudo na fé em Deus. A conquista profissional chegou através de turbulentas tempestades, vencidas com trabalho, perseverança e muita dedicação. Tudo para que as conquistas na vida tenham um sabor especial.

Quando escolhemos ser jogador de futebol, a vida passa a ter um sabor diferenciado. Mexe com milhões de sentimentos, movimenta a idolatria nos momentos de glória e nas críticas em momentos de derrota põe a prova nossa autoconfiança. É preciso saber conviver com isso. Ser jogador de futebol é muito especial: dá prazer, motiva e abraça os mais internos desejos de vitórias. Uma dádiva de Deus que poucas pessoas conseguem ter.

Dentre os 11 que se alinham dentro de um campo de futebol, o espaço de trabalho que escolhi foi ser goleiro. Ou melhor, foi Deus no céu e o meu pai na terra que me guiaram entre os tortuosos caminhos no início de carreira. Se não fosse por eles não teria chegado aonde cheguei.

Desde o meu primeiro time, o Nacional - SP, época em que, garoto, me virava com uma luva maior do que minhas mãos. Depois passando para o profissional, indo jogar por tradicionais clubes como Botafogo - SP, Portuguesa, Ceará, Fortaleza, Rio Branco - SP, até chegar ao Sport Club do Recife, clube no qual me consagrei profissionalmente, aprendi que a conquista só chega a nossa vida quando a agarramos com toda a força. O cotidiano nos reserva uma cobrança natural e é preciso trabalhar em ritmo forte para atingir o alto padrão que o futebol moderno exige.

Para sermos fieis e fazer jus aos nossos sonhos, precisamos ir ao seu encontro, com ousadia e intrepidez. Algumas palavras e atitudes se tornaram parte do meu dia a dia na caminhada rumo à conquista dos objetivos: fé e perseverança para tornar desejos em realidade para tudo que almejamos.

Trabalhando, sou grato a um time em especial. Depois de lutar pelos times que passei, encaixei-me em um time de leões. Literalmente. No Leão da Ilha.

Não existe outra profissão dentro de campo tão perigosa quanto o personagem que fica debaixo das traves. Ser goleiro é tarefa a ser cumprida à risca. Somos tão importantes que começamos a escalação de qualquer time. A cobrança é tão grande e a margem de erro tão pequena que no mesmo jogo podemos passar de herói a vilão em apenas um lance.

Graças a Deus, em toda a minha carreira profissional só reuni amigos, conquistei espaço com grandes jogos e importantes conquistas. Uma carreira que passou a ser especial quando cheguei aqui em abril de 2005 e passei a fazer parte do Sport Club do Recife, onde todos se esforçam para alcançar o respeito e o profissionalismo. No rubro-negro pernambucano, clube centenário e de rica tradição no futebol nacional, desenvolvi a minha melhor fase na carreira, obtendo recordes pessoais, momentos e defesas memoráveis. Com meus companheiros conquistei títulos inesquecíveis.

No Sport realizei a alegria de muitas pessoas. De tantos objetivos que almejei, um abrilhantou a todos: a conquista da Copa do Brasil de 2008, a maior da minha carreira, uma das maiores do clube. Foi um triunfo inigualável.

Então, preparem-se, pois compartilho esta jornada com vocês. Espero que mais uma vez possamos vibrar com gols, defesas, momentos inesquecíveis, mesmo que agora em uma viagem através das palavras. O Brasil foi do Sport e o Sport é nosso.

CAMINHANDO PARA 2008 — 13

INÍCIO DE UM ANO HISTÓRICO — 19

TRÊS VEZES SPORT — 23

IMPERANDO NO DESAFIO INICIAL — 27

SOBERANIA TRADUZIDA EM RESULTADO — 37

- OITAVAS DE FINAL: SONHO COMO INCENTIVO MAIOR — 49
- QUARTAS DE FINAL: CONTRA TUDO E CONTRA TODOS — 63
- SEMIFINAL: NA BASE DO SOFRIMENTO — 75
- FINAL: SOMOS CAMPEÕES — 107
- OBRIGADO SPORT — 123
- DEPOIMENTOS — 127

★ ✦ ★

CAMINHANDO PARA 2008

SPORT 2 X 0 NÁUTICO

Campeonato Pernambucano – 7ª rodada
Recife, 1º de abril de 2007 / Ilha do Retiro

Havíamos conquistado o estadual de 2006 e chegar ao bicampeonato teria um gosto especial para todos os jogadores do Sport em 2007. Alguns nunca conseguiram tal feito, outros precisavam matar a saudade de duas conquistas seguidas. Éramos o time a ser batido, possuíamos um elenco jovem, alegre, com o fino nos pés.

Nossos rivais sabiam que tal marca poderia gerar um desconforto maior, algo que se fixaria à rica história do campeonato pernambucano, tão tradicional no Brasil e um dos que mais público leva a cada jogo.

No primeiro turno da disputada 93ª edição, terminamos a primeira fase com

25 pontos: foram nove jogos, oito vitórias e um empate – 18 gols marcados e apenas 3 sofridos, com 15 de saldo. A Taça Tabocas e Guararapes ficou em nossas mãos. Para mim, um marco muito importante, logo nos primeiros anos como goleiro do clube.

Com a conquista, criamos um ambiente muito bom dentro e fora dos gramados. Dávamos entrevistas sem o peso de uma campanha ruim, circulávamos muito bem com a chancela de um campeão. A torcida estava ao nosso lado.

O estrelato não pode subir a cabeça, diziam os mais experientes. Não se ganha um campeonato estadual apenas com um turno. Deveríamos entrar ainda mais focados na metade seguinte da competição a fim de estabelecermos grandes jogos e vitórias incontestáveis. Foi o que fizemos.

Sob o comando do professor Alexandre Gallo, fechamos o grupo com um único objetivo: sermos campeões. Com o nome de Taça Confederação do Equador, o Sport iniciou seu caminho tendo pela frente o Cabense fora de casa. Ganhamos no estádio Gileno de Carli por 3 a1. Um resultado incontestável.

Já a segunda rodada ocorreu na Ilha do Retiro, nossa casa, com um público muito bom, o que é normal. Quem foi ao estádio assistiu a maior goleada aplicada em todo o campeonato de 2007 pelo Sport: 6 a 0 no Ypiranga. Fizemos gols de todas as formas e defensivamente fomos intransponíveis.

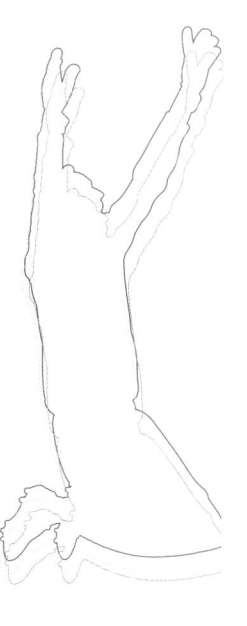

Fomos para Caruaru jogar a terceira rodada contra o perigoso Central. Para falar a verdade, nosso time já estava muito bem no campeonato. Bastava manter a cabeça no lugar e o sonho na ponta dos pés.

Em um jogo com muita disputa e uma boa atuação da nossa equipe, ganhamos por um minguado 1 a 0, o que passou a nos dar ainda mais confiança para uma conquista antecipada.

Nosso ritmo dentro de campo respeitava o estilo de jogar proposto pelo nosso técnico. Nenhum jogador tinha outra ideia em mente a não ser fazer excelentes apresentações. Os 2 a 0 em casa contra o Porto na quarta rodada, os 2 a 1 no Serrano, jogando também na Ilha pela rodada seguinte, e a vitória fora de casa contra o Vera Cruz, 2 a 1, na sexta rodada, nos deram a chance real de sermos campeões pernambucanos já no próximo jogo, que seria diferente por ser contra um rival, o Náutico, no dia 1º de abril.

Verdades e mentiras nortearam os dias que antecederam a decisiva sétima rodada. Muito se especulou: se conseguiríamos jogar bem e se não "pipocaríamos". Estávamos próximos do 36º caneco do estadual, e focados na conquista.

Não deu outra. Com um time entrosado, voando baixo em todas as posições, com jogadores focados na vitória, ganhamos em casa, com uma Ilha do Retiro sem espaço vazio, 2 a 0 sobre o Náutico.

Campeões com duas rodadas de antecedência e uma campanha irretocável. O segundo turno foi desta forma: 24 pontos, nove jogos, oito vitórias e apenas uma derrota, na última rodada, quando já havíamos conquistado o bicampeonato estadual. Foram 21 gols marcados e apenas 4 sofridos. Defesa menos vazada, mérito de todos.

Uma campanha que nos deu brio, força e confiança para a disputa da Copa do Brasil de 2008, um dos campeonatos mais democráticos do Brasil. O sonho de chegar a Libertadores da América estava vivo no espírito de nossa equipe. Sabíamos que era possível e correríamos atrás do objetivo.

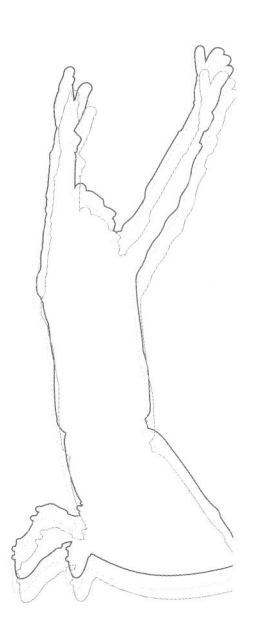

★ ★ ★

INÍCIO DE UM ANO HISTÓRICO

2008: A CHEGADA DE UM ANO GLORIOSO

Recife, janeiro de 2008 / Ilha do Retiro

A fé sempre nos leva a lugares especiais. Na virada do ano, me lembro de refletir sobre todo o ano de 2007, em meio à família e amigos, onde falava o que de bom e ruim se passou em minha vida. A certeza tirada desta avaliação era de que o trabalho enobrece o homem e dá respostas a cada uma das perguntas da vida.

Pôr sonhos à frente do coração, da alma, ajuda nesses momentos de desafios. Minha família sempre me ajudou a conquistar os objetivos, pois sabiam que por consequência eu conseguiria transformar nossos desejos nas melhores e mais satisfatórias realidades.

Profissionalmente, meu espaço no Sport se consolidava ainda mais. Tornei-me o titular, de fato, depois de passar por momentos de altos e baixos. Meus companheiros de posição eram tão amigos que nos entendíamos e sabíamos que a decisão de sermos um grupo aliviava qualquer sentimento de rivalidade.

Todos me passavam a segurança de que poderíamos ir muito mais longe, promovendo a humildade, a destreza dos atos e, acima de tudo, a continuidade do excelente trabalho que construímos nos anos anteriores dentro do clube.

Com essa premissa e partindo do pressuposto de que carreira de jogador só tem valor eterno para a torcida e para a crítica, no geral, quando é consagrada com grandes conquistas, reuni todas as minhas forças em Deus e comecei a trabalhar para marcar meu nome no coração de todos os torcedores do Sport. Além disso, e claro, prioritariamente, pus nas luvas e em minhas mãos a força para acrescentar títulos na história do clube.

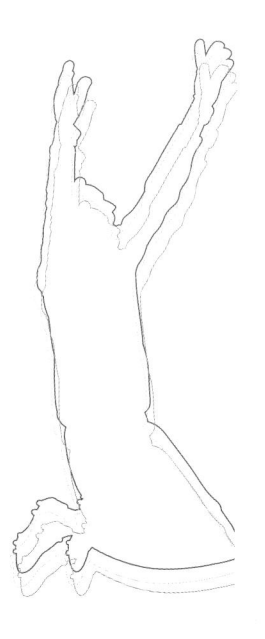

★ ☆ ★

TRÊS VEZES SPORT

TRICAMPEONATO ESTADUAL

Recife – PE / Ilha do Retiro

Fechamos 2007 muito bem. Fomos campeões estaduais e no Brasileirão mantivemos uma boa colocação, o que nos garantiu na divisão de elite. Na Copa do Brasil fomos eliminados nas oitavas de final pelo time sensação daquele ano, o Ipatinga. Empatamos em 1 a 1 nos dois jogos e na decisão por pênaltis eles foram mais felizes.

Mais uma vez teríamos a chance de disputar o título da Copa do Brasil. O que nos fortalecia era que nosso time quase não teve perdas e o grupo estava fechado para voos maiores. Sentíamos de alguma forma que estávamos preparados para aquela conquista.

No estadual mais uma vez éramos os favoritos ao título e consolidamos essa hegemonia ao longo dos meses de janeiro, fevereiro e começo de março. Em vinte e duas rodadas, nos consagramos tricampeões com quinze vitórias, cinco empates e duas derrotas. Nosso saldo de gols impressionou: 35 - compostos por

50 gols marcados e apenas 15 sofridos. Campanha impecável, título incontestável e com uma força superior nas chuteiras e, claro, nas minhas luvas de goleiro.

Aqueles que continuaram no time e que lutaram em 2007 para serem bicampeões tiveram a dádiva de Deus e ganharam mais um estadual. Tornaram-se tricampeões, o que na vida de qualquer atleta é um marco excepcional.

Eu acreditava sempre nos meus ideais, como acredito até hoje. Confiava na equipe, mas jogar três campeonatos seguidos e ganhar os três é uma histórica alegria. É um feito dificílimo de alcançar. Não deixa de ser surpreendente.

Já no final do pernambucano, por todo o país começavam os jogos da Copa do Brasil. Disputada por 64 equipes, a maioria dos clubes classificados pelas conquistas em seus estados, além de agremiações que tiveram bom índice no ranking da CBF, a disputa era democratizada, ou seja, confrontos com times de grande e pequena expressão.

O torcedor tinha a Copa do Brasil engasgada na garganta. Na primeira edição, em 1989, o Sport fez a final e perdeu para o Grêmio. Além do ímpeto do torcedor, chegamos com uma sensação diferenciada, uma vontade inexplicável de mudança de toda essa história do Leão da Ilha. Algo a mais motivava o grupo e isso se sentia facilmente dentro do campo. Era o ano de o Sport voltar a conquistar o país.

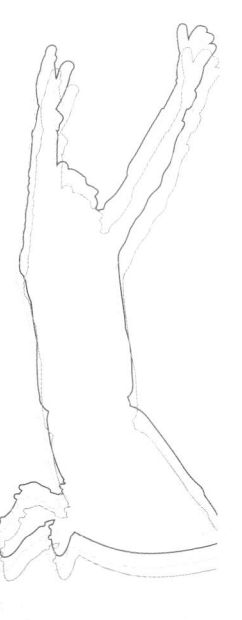

★ ★ ★

IMPERANDO NO DESAFIO INICIAL

IMPERATRIZ 2X2 SPORT

Copa do Brasil – 1ª fase – jogo de ida
Imperatriz, 27 de fevereiro de 2008 / Estádio Frei Epifânio

A primeira partida de qualquer campeonato nacional é nervosa. Tudo que se treina exaustivamente, que é estudado dentro de salas reservadas, em palestras, discussões, jogadas ensaiadas, cobranças de faltas, escanteios, pênaltis, estilo de jogo, é trocado pela ansiedade, nervosismo e pelos muitos erros quando a bola rola dentro de campo. Parece algo surreal, mas é a mais pura verdade. Não é uma exclusividade daquela equipe. Isso acontece com quase todos os times que estão na elite do esporte nacional.

Uma competição que preenche as crônicas esportivas com críticas que transitam entre o objetivo e a maluquice. Resultados que caminham pelo mesmo limiar. Somos vistos e avaliados por todo o Brasil e para as equipes de menor expressão é a chance de fazer história. Não poderíamos vacilar.

Nossa estreia na Copa do Brasil aconteceu no lindo estado do Maranhão. Jogamos contra o vice-campeão estadual, o Imperatriz, time da cidade de mesmo nome.

No estádio Frei Epifânio, totalmente lotado, o Imperatriz era casca de ferida. Entrosado, com peças fundamentais no ataque e na defesa, o clube maranhense seria uma pedra muito grande em nossas chuteiras.

Do nosso lado, Romerito e Luciano Henrique eram as armas no meio-de-campo, além do matador Carlinhos Bala destacando-se na peça ofensiva. Seu companheiro Leandro Machado era a referência dentro da área, fundamental nessa primeira partida fora de casa.

Antes da metade do primeiro tempo já havíamos aberto o placar. Com o cruzamento certeiro de Luisinho Netto, o estiloso Durval subiu para marcar o primeiro gol do Sport na competição. Bola no canto esquerdo da meta adversária e 1 a 0 no placar.

Com gritos de ajuda e empurrando seus jogadores para frente, o Imperatriz não deu brecha nem de comemorarmos. Em um descuido meu, confesso, empataram o jogo em um belo lance do meio-de-campo Fabinho Paulista.

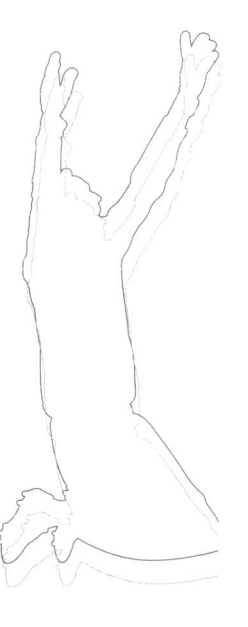

Do gol de empate até o final da primeira etapa, ambas as equipes tiveram oportunidades. Me lembro de um pênalti não marcado em Leandro Machado que o árbitro da partida deixou passar. A história do segundo tempo poderia começar com 2 a 1 a nosso favor, mas, não ocorreu. Não havia tempo para lamentar. Precisávamos buscar o resultado.

No intervalo, o técnico Nelsinho Baptista nos falou de sua percepção no jogo, onde estávamos falhando e posicionou cada um para exercer funções específicas. Sua maneira de trabalhar era muito profissional, respeitando cada atleta e dando força individualmente aos que não estavam tão concentrados no jogo.

Voltamos para a etapa final com duas alterações. Kássio e Everton deram dinâmica diferenciada ao nosso jogo e foram fundamentais dentro de campo. Logo nos primeiros minutos fui exigido e fiz uma excelente defesa. Rubens, um bom jogador do Imperatriz, em um lance de oportunismo chutou de voleio uma bola venenosa, me fazendo voar para tirá-la do gol. Minutos depois, foi a vez de o Sport assustar. Aliás, assustar e fazer o segundo gol. Kássio, que entrara no segundo tempo, tocou para Luisinho Netto que foi, intencionalmente, derrubado na área. Não pensando duas vezes, como fez no primeiro tempo, o árbitro marcou pênalti.

Carlinhos Bala, calmo, chutou do lado esquerdo do goleiro: 2 a 1 para o Sport.

O jogo estava desenhado para a nossa vitória até que em um descuido, aos 41 minutos do segundo tempo, Valdanis recebeu bola açucarada a minha frente. Sai para tentar abafar, mas, o adversário chutou bem e deu números finais ao placar. 2 a 2.

Um gostinho amargo na boca de todo mundo. Porém, o placar final foi muito bom. Iniciamos a Copa do Brasil jogando fora, contra uma boa equipe. O empate deu a sensação de que poderíamos ganhar a partida de volta. Com certeza na Ilha do Retiro, com a torcida incentivando, conseguiríamos o placar necessário para a classificação. Contudo, o que me marcou naquele jogo foi a declaração dada por Romerito. Me lembro de ouvir dele que ali nascia o futuro campeão da Copa do Brasil. Uma profecia que se confirmaria tempo depois. O caminho era longo, mas jogo a jogo, com paciência, humildade e principalmente a força da torcida, chegaríamos lá.

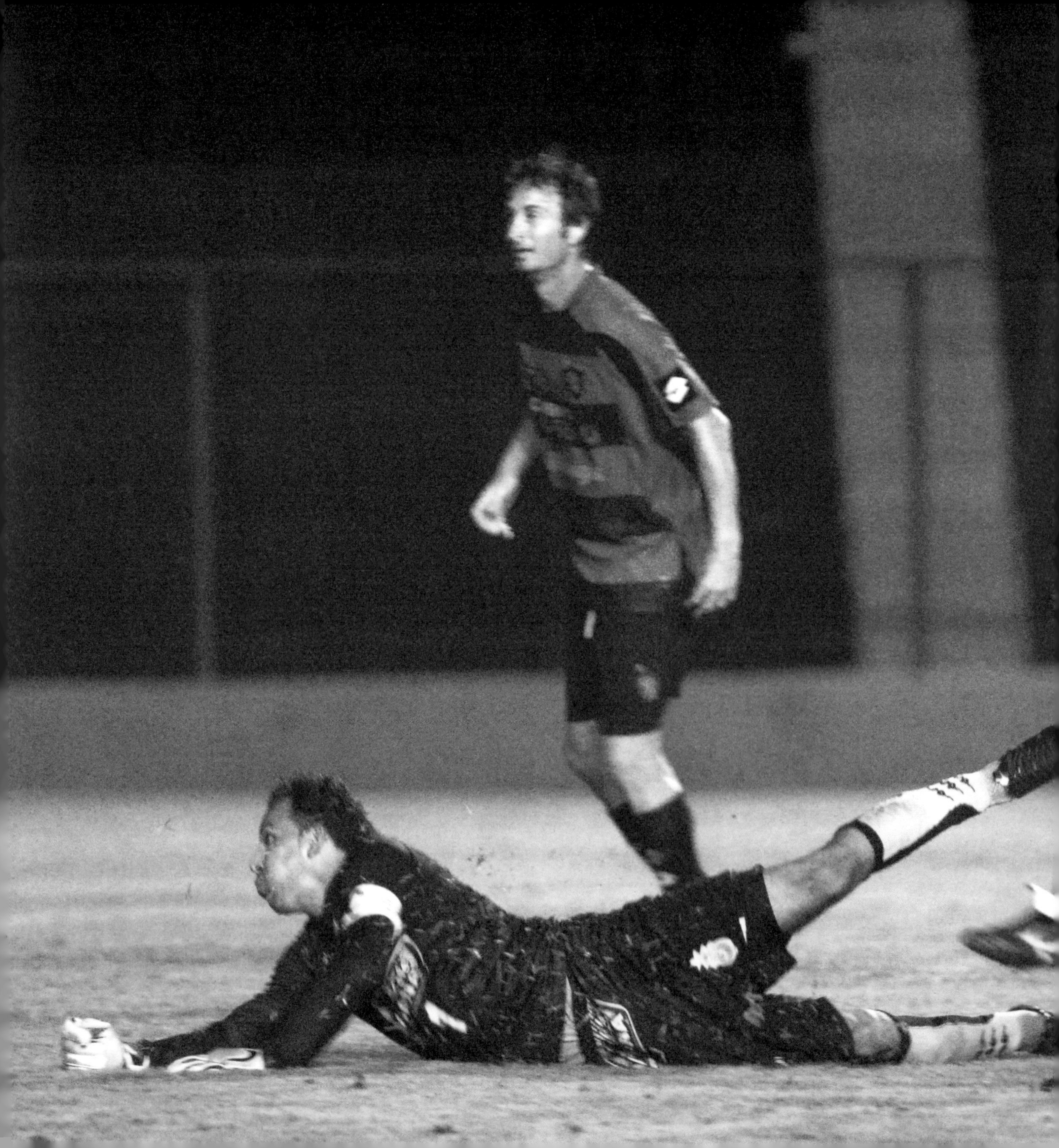

05/03/2008
Sport 4 x 1 Imperatriz
Estádio Ilha do Retiro (Recife/PE)

SPORT 4X1 IMPERATRIZ

Copa do Brasil – primeira fase – jogo de volta
Recife, 05 de março de 2008 / Ilha do Retiro

No jogo de volta, o estádio da Ilha do Retiro, como de costume, estava abarrotado de gente. Nosso time entrou em campo comigo no gol, Luisinho Netto, Igor, Durval e Fábio Gomes; Daniel Paulista, Everton, Luciano Henrique, que saiu depois para a entrada do garoto Kássio, e Romerito; Carlinhos Bala e Leandro Machado, que saiu para dar lugar a Reginaldo.

Tínhamos de fazer o placar e passar para próxima fase. Isso era consenso e meta a ser cumprida dentro das quatro linhas. Em minhas mãos a obrigação de fechar o gol e não deixar passar nenhuma esperança para o time adversário.

E foi o que aconteceu. Intensificamos nossas melhores armas nos primeiros minutos, acuando o time do Imperatriz. De tanto forçar abrimos o placar. Aos 14 minutos, em um lance que sobrou em seus pés, Luisinho Netto marcou 1 a 0. O time adversário se assustou e Romerito, poucos minutos depois fez 2 a 0. Procuramos aumentar a contagem ainda na etapa inicial, mas terminamos os primeiros 45 minutos de partida com vantagem de dois gols. Defensivamente estávamos atentos às infiltrações do adversário e quase não fui acionado.

Depois do intervalo, nem mesmo o gol feito pelo Imperatriz aos 11 minutos do segundo tempo abalou nossa equipe. Aos 16 minutos fizemos gol com pé de zagueiro. O atacante Carlinhos Bala cruzou na área e Igor tocou no fundo das redes. 3 a1 e a calma de novo na vida dos torcedores. Dez minutos depois, decretamos o placar final. Numa jogada linda e digna de um time entrosado, Reginaldo fez 4 a 1. Com uma incontestável vitória em casa estávamos na próxima fase da competição.

Após o jogo, nos reunimos e conversamos sobre algumas falhas que não deveriam mais existir. Além da união daquela equipe e do espírito campeão, não poderíamos vacilar. O aproveitamento da posse de bola tendo qualidade no passe precisava crescer. A marcação tinha que ser impecável. Nosso jogo era aquele: ofensivo, alegre e respaldado em bons resultados que nosso grupo obtivera com as conquistas de anos interiores. A torcida lotava a Ilha do Retiro e nos dava o combustível extra para as vitórias.

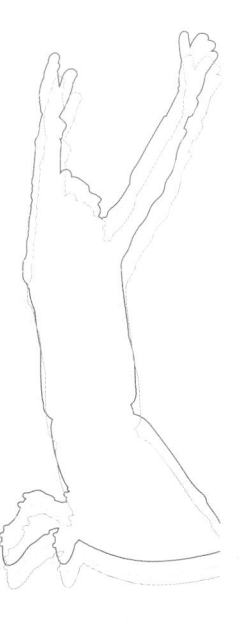

★ ★ ★

SOBERANIA TRADUZIDA EM RESULTADO

BRASILIENSE 1X2 SPORT

Copa do Brasil – segunda fase – jogo de ida
Taguatinga, 02 de abril de 2008 / Boca do Jacaré

Nosso adversário seguinte saiu do confronto entre Ulbra - RS e Brasiliense - DF. 1 a 1 no primeiro jogo e 1 a 0 para o Brasiliense na volta.

Nascido em 2000, o Brasiliense vinha de um tetracampeonato no campeonato candango, como é chamado o estadual do DF. O Sport faria um confronto de respeito, de equipes bem montadas.

O primeiro duelo aconteceu em 02 de abril, na Boca do Jacaré, que fica na linda cidade de Taguatinga, Distrito Federal. Jogamos eu, Luizinho Netto, Durval, Igor e Dutra; Daniel Paulista, Everton, que deu lugar no segundo tempo para Enílton, Kássio e Romerito; Carlinhos Bala, que saiu na etapa final para Sandro Goiano jogar e Leandro Machado, substituído por César Lucena. No banco, Nelsinho Baptista dava as instruções.

Em um primeiro tempo difícil, nosso time jogou muita bola para equilibrar as oportunidades. Tínhamos a consciência que encontraríamos uma equipe muito bem montada pelo técnico do Brasiliense, Gérson Andreotti e, que, empurrados pela torcida, o clube da capital federal tentaria de todas as formas envolver nossa equipe.

E foi assim que aconteceu: em um lance de oportunismo, eles abriram o placar. O lateral-direito Patrick, que jogou muito naquela partida, marcou 1 a 0 para os donos da casa.

Passada a pressão, nossa equipe cadenciou o jogo e equilibrou a partida. Desenvolvemos as melhores jogadas até igualarmos o placar em 1 a 1. Dutra chutou firme na meta do goleiro Luiz Muller, que tentou, mas não conseguiu defender.

No intervalo, Nelsinho Baptista foi enfático em mostrar onde estávamos atuando de maneira equivocada. Com isso em mente, entramos em campo dispostos a não tomar mais gols e, se possível, eliminar o jogo de volta, construindo um placar elástico.

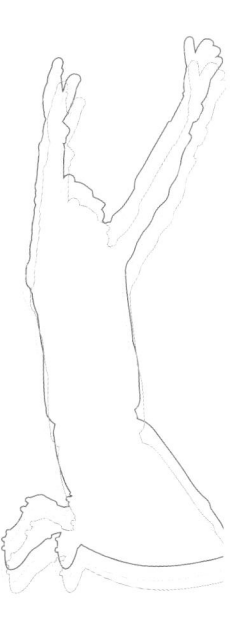

Porém, não foi bem assim que a banda tocou. Em um lance duro, Durval recebeu o segundo amarelo e foi expulso, piorando nossa situação. Com um a menos, teríamos que ser ainda mais guerreiros. Como um ritual que acometia-nos quase sempre quando jogávamos com um a menos, o grupo passou a atuar melhor e o resultado não seria a derrota.

Romerito, nos contra-ataques, construía excelentes chances para o Sport. Nós, atrás, defendíamos de todas as formas. Nesse ritmo alucinante, aos 32 minutos da etapa final, conseguimos um gol importantíssimo. Após cruzamento perfeito de Luisinho Netto, Romerito cabeceou e marcou 2 a 1, placar que se manteve até o fim do jogo.

O Brasiliense passou a buscar o empate de todas as formas, tanto que fui exigido por duas vezes já no final da partida. Salvei o primeiro lance, aos 45 do segundo tempo. Chute difícil e rasteiro de Jobson. Quando achei que seria o último lance, aos 46, foi a vez de Dimba cabecear uma bola difícil, que peguei com as mãos de Deus.

Final de jogo.

Uma vitória sofrida, na garra, que nos deixava mais tranquilos para o jogo de volta, em casa, com nossa louca torcida, no caldeirão da Ilha do Retiro. A vaga não estava ganha, mas estava encaminhada.

NOSSA EQUIPE CADENCIOU O JOGO E EQUILIBROU A PARTIDA.

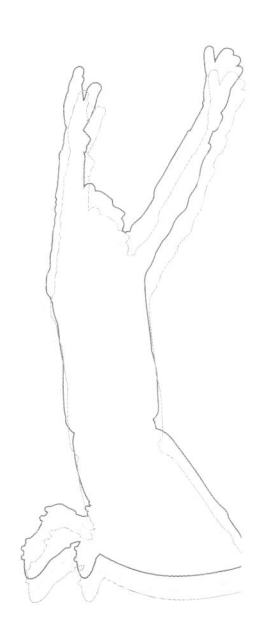

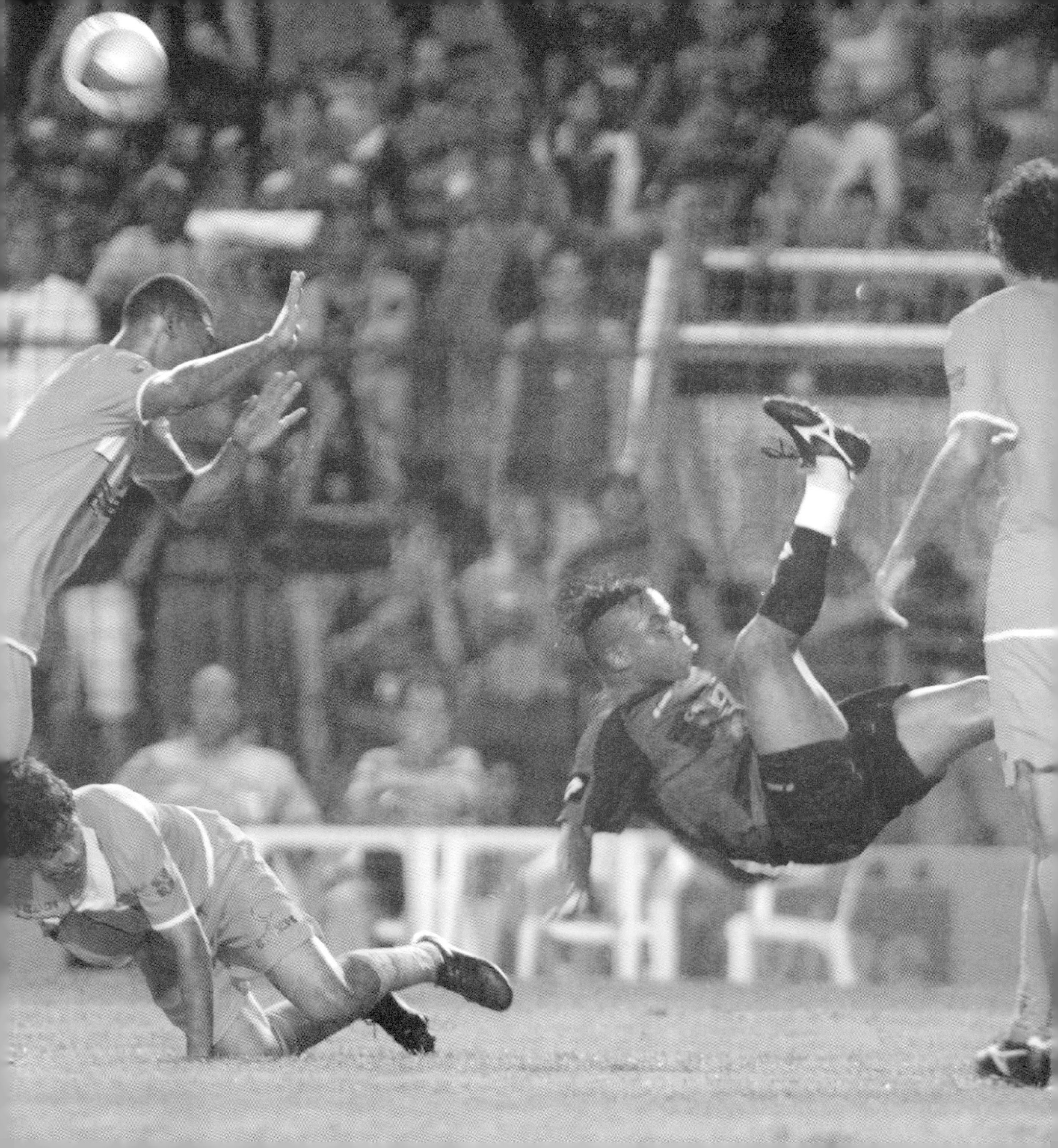

09/04/2008
Sport 4 x 1 Brasiliense
Estádio Ilha do Retiro (Recife/PE)

SPORT 4X1 BRASILIENSE

Copa do Brasil – segunda fase – jogo de volta
Recife, 09 de abril de 2008 / Ilha do Retiro

Noite de quarta-feira, 09 de abril. Em particular uma data especial: era meu aniversário. Fiquei muito emocionado com a torcida cantando parabéns. Uma sensação incrível. Só existia uma forma de retribuir: presentear o rubro-negro com a vaga para a próxima fase.

Nem preciso falar como estávamos de público na Ilha do Retiro: uma legião de torcedores acompanhou o Sport contra o Brasiliense. O time foi a campo comigo no gol, Luisinho Netto, Igor, César e Dutra que depois deu lugar a Fábio Gomes; Daniel Paulista, Sandro Goiano, Romerito e Carlinhos Bala; Roger que foi substituído por Kássio, além de Enílton.

Construímos uma vitória suada na semana anterior no Distrito Federal. Com um a menos conseguimos segurar a pressão do time rival e ainda saímos vitoriosos. Por todo esse esforço, para darmos ao Brasil a segurança de que o Sport era um time de ponta, além de querermos recompensar nosso torcedor com uma boa exibição, eu queria ganhar o meu presente e dividi-lo com os rubro-negros: entramos em campo determinados para ganhar.

Para mim um dos melhores jogos que fizemos. Não deixamos o Brasiliense respirar e ditamos o ritmo de jogo do início ao fim. Jogada a jogada, gol a gol, construímos uma brilhante vitória.

A abertura do placar saiu aos 23 minutos de jogo. De Enílton para Carlinhos Bala, que de calcanhar empurrou para as redes do Brasiliense, 1 a 0. Pouco depois, golaço aos 28 minutos em outra jogada de Enílton. Desta vez, o jogador entrou na área e com um belo chute de esquerda fez 2 a 0. A bola antes de entrar ainda desviou no zagueiro Igor, matando de vez o goleiro na jogada.

Ainda deu tempo de aumentarmos o placar no primeiro tempo. O centroavante Roger recebeu um lindo cruzamento de Dutra e, de cabeça, encerrou a etapa inicial em 3 a 0.

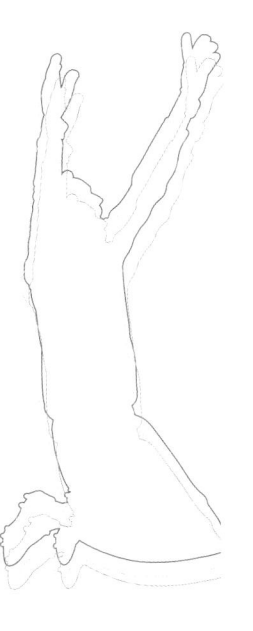

No intervalo do jogo o clima no vestiário era de alegria. Sabíamos que o jogo dificilmente seria revertido. Havia defendido uma bola difícil no começo da etapa, e depois marcamos três gols. Estava em nossas mãos a continuidade do placar.

E assim foi. Entramos para jogar um segundo tempo leve, no toque macio de bola, deixando a pilha e o nervosismo para o time adversário.

Com qualidade nos passes, aumentamos o placar aos 11 minutos. Enílton, nosso craque das decisões, fez 4 a 0. O goleiro Guto mais uma vez buscava a bola no fundo das redes, sem ter o que fazer.

O gol de honra do Brasiliense aconteceu aos 36 minutos pelos pés do atacante Iranildo. Mas foi só. Mais uma vez eliminaríamos um adversário em nosso caldeirão com ajuda dos nossos torcedores, palco de decisões importantes na história do Sport.

A partir dali, demos um passo fundamental rumo às oitavas de final. Pela frente um tradicional clube de São Paulo, campeão da Libertadores da América em 1999, respeitado no mundo todo e com um técnico multicampeão no comando. Enfrentaríamos o Palmeiras de Vanderlei Luxemburgo.

A fé nessas horas ajuda muito. Ser campeão é ter Deus à frente de tudo, retirar forças de onde não mais existem forças, é acreditar naquilo que não se vê que apenas se sente. Nosso grupo faria tudo para tornar o sonho realidade, e derrubar o time de Palestra Itália. Não estávamos intimidados apesar de respeitar a camisa que enfrentaríamos. Sabíamos da tradição do Sport e da força da massa rubro-negra. Éramos muito fortes em casa e tínhamos que fazer valer essa força.

O GOLEIRO CUTO MAIS UMA VEZ BUSCAVA A BOLA NO FUNDO DAS REDES, SEM TER O QUE FAZER.

★ ★ ★

OITAVAS DE FINAL: SONHO COMO INCENTIVO MAIOR

PALMEIRAS 0X0 SPORT

Copa do Brasil – oitavas de final – jogo de ida
São Paulo, 24 de abril de 2008 / Palestra Itália

Em uma competição como a Copa do Brasil é de se agradecer quando se chega às fases decisivas como as oitavas de final. Afunilam-se os jogos e sobram apenas os times de melhor aproveitamento nas fases iniciais. Alguns chegam por sorte, outros por combinação de resultados, vitórias suadas, decisão por pênaltis e todos os ingredientes que o sistema de mata-mata envolve. Contudo, todos chegam fortes, com um ânimo a mais para tocar junto com a bola.

Nossa equipe teve nas primeiras fases times modestos, com expressões diferentes, mas com muito potencial, o que nos deu muito trabalho dentro de campo. Foram quatro jogos em que o nosso time teve de lutar muito. A força do torcedor também foi fundamental.

Enfrentar o Palmeiras era um desafio e tanto. Na conta dos títulos, Brasileirão, Libertadores e Paulista. O alviverde paulista ainda tinha dentro das quatro linhas titulares que foram pentacampeões com a seleção brasileira: Marcos e Denílson. E não parava por aí. A constelação de estrelas palmeirenses ainda contava com Valdívia, Kleber e Diego Souza. Um time para dar medo, ainda mais quando no banco estava o técnico Vanderlei Luxemburgo.

Mas aqui tínhamos um conjunto unido e focado. Éramos o Sport Club do Recife.

Me lembro como se fosse hoje. A gente vinha de uma sequência boa, de um tricampeonato, passando muito bem pelos primeiros jogos da Copa do Brasil, porém, a mídia não atribuía a nós tais méritos. Todos davam como certa a nossa saída da competição. A força que nos movia era uma só: sabíamos que era possível surpreender.

Números e premissas à parte, o Sport contava com um grupo de profissionais com sonhos maiores. E uma vez isso à frente dos trabalhos, empurrados pela vontade de sermos campeões, as dificuldades não pareciam tão fortes como se mostravam.

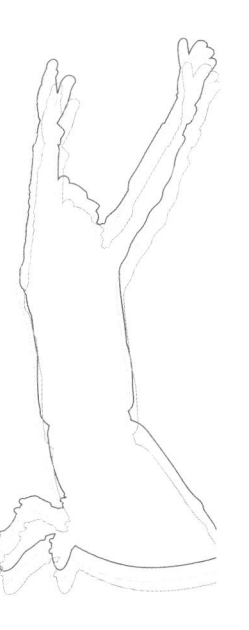

Entramos no jardim suspenso de Palestra Itália preenchido por cerca de 16 mil torcedores empurrando os donos da casa. O Sport jogou comigo no gol, Luisinho Netto, Igor, Durval e Dutra; Daniel Paulista, Everton, Sandro Goiano que depois deu lugar a Kássio e Romerito; Carlinhos Bala que saiu para a entrada de Bia e Roger que foi substituído por Leandro Machado.

Começamos a partida do jeito que sempre jogamos: na base do toque de bola. Marcando à frente o time teve boas oportunidades no primeiro tempo. Marcos teve muito trabalho do início ao fim da etapa inicial. Entretanto, do outro lado, o perigo passava pelos pés de Valdívia e Martinez. Os dois e o meia Léo Lima me obrigaram a fazer três defesas importantes.

Fomos para o intervalo muito bem. Sabíamos que o nosso primeiro tempo não foi o ideal, mas arriscamos e igualamos as chances de abrir o placar.

Com muita conversa e atenção focada nos principais jogadores alviverdes, entramos no segundo tempo com a ideia de não tomarmos gol. Se isso acontecesse desestruturaria todo o nosso plano e eficiência dentro de campo, o que poderia dar fim ao sonho de sermos campeões.

Nos 45 minutos da etapa complementar, o Sport segurou muito bem o cadenciado Palmeiras. Atrás, pouco fui exigido, pois nosso meio de campo barrava muito bem as ações perigosas do adversário.

Nos contra-ataques assustamos muito. Romerito e Leandro Machado, que entrou no segundo tempo, por diversas vezes levaram perigo ao gol de Marcos.

Ao final, 0 a 0, um placar excepcional para nós. Ainda dentro do gramado sabíamos que em casa, diante de 30 mil torcedores, poderíamos fazer história e avançar na competição. No rosto de cada jogador a expressão de felicidade, vibração e contágio. Teríamos chances iguais contra o tradicional Palmeiras, porém, com a torcida ao nosso favor.

O décimo segundo jogador faria a diferença em casa, além da motivação encontrada na união em torno do objetivo maior: ser campeão.

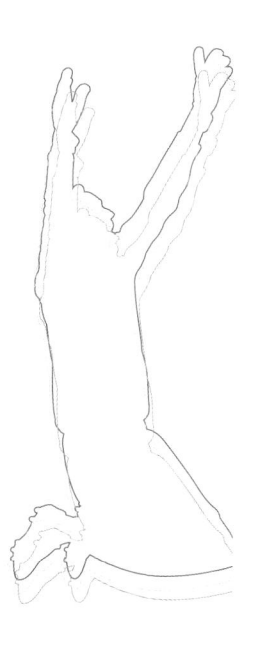

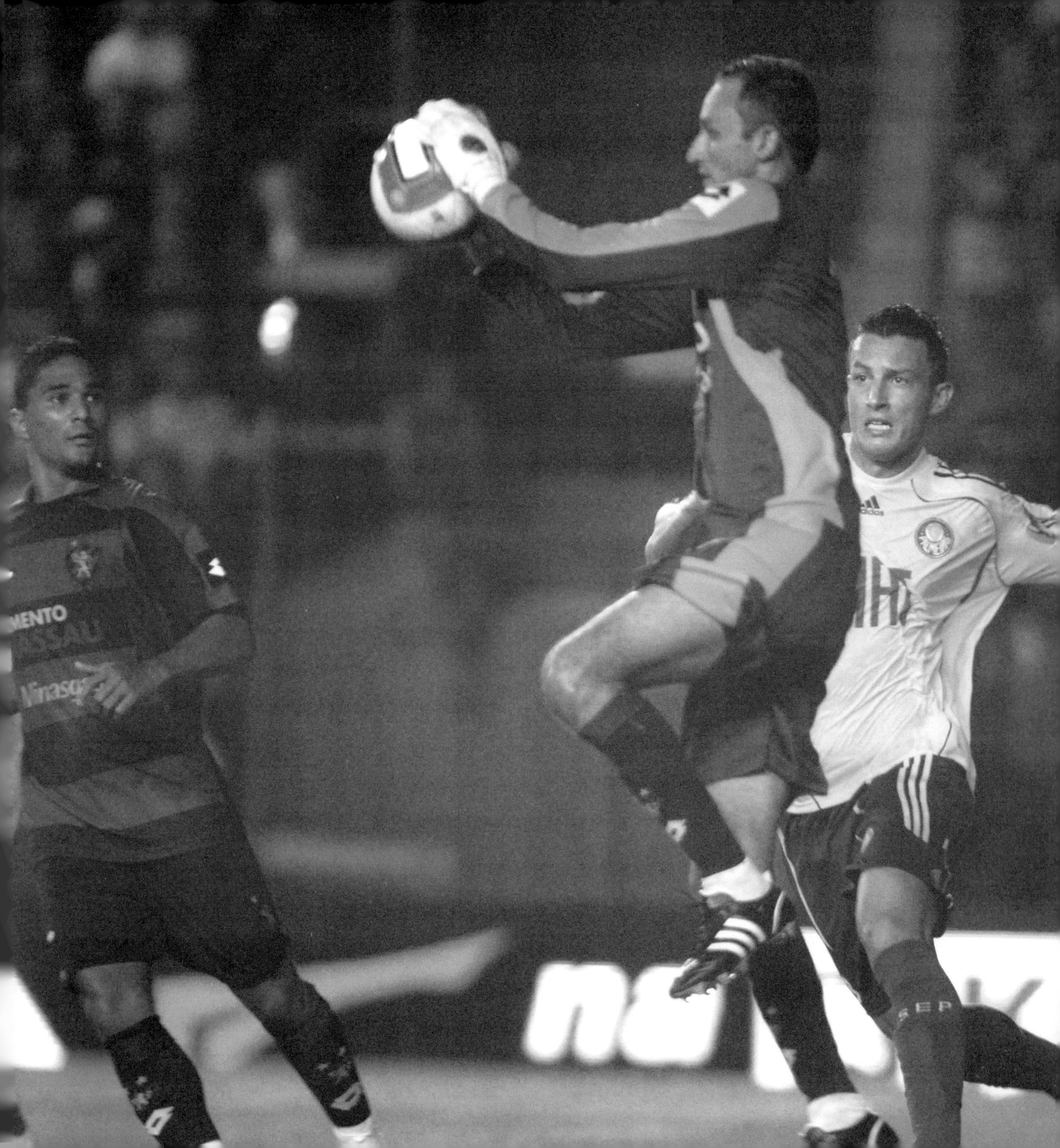
MENTO

30/04/2008
Sport 4 x 1 Palmeiras
Estádio Ilha do Retiro (Recife/PE)

SPORT 4X1 PALMEIRAS

Copa do Brasil – oitavas de final – jogo de volta
Recife, 30 de abril de 2008 / Ilha do Retiro

Chegamos à Ilha do Retiro. O estádio estava, como se diz no popular, pegando fogo. Gente espalhada por todo o entorno, rojões, gritos de incentivo, uma festa só. Aquilo arrepiava até o mais experiente dos jogadores. Dava alento e emanava sentimentos dos mais variados possíveis.

Outra sensação que a torcida trazia presa na alma encontrava-se na garganta de todos ali, naquela quarta-feira. Estava engasgada a desclassificação do Sport, 10 anos antes, na mesma Copa do Brasil e pelo mesmo Palmeiras (campeão daquela edição), na época comandado por Luiz Felipe Scolari. Vingança? Nas entrelinhas sim, mas, naquele momento, nossas maiores vontades eram alimentadas por um motivo maior: sermos campeões.

No vestiário antes do início da partida, a tensão se misturava à ansiedade, ao nervosismo. Nunca demorou tanto para um jogo começar como aquele contra o Palmeiras. Não entendia porque tive tal percepção, mas me lembrava do trabalho realizado durante a semana, a espera do dia decisivo e a possibilidade do sonho daquele moleque que começou no Nacional, se tornar cada vez mais real.

Um dos melhores sonhos eu já tinha realizado - ser titular, respeitado dentro de um time grande. O Sport me deu todas as condições para chegar ali e continuar a crescer. Então, por que aquele excesso de frio na barriga?

Antes de iniciar a partida o locutor Junior Viana puxava o grito de guerra "caza, caza" que todos cantavam em coro. Essa força passava rapidamente para nós jogadores. A ansiedade acabou quando no apito inicial da partida, o estádio todo cantava o hino do clube. Isso nos fazia correr como uns loucos em busca da vitória. A Ilha do Retiro fervia e pessoas choravam, pois sabiam que algo de bom aconteceria naquela noite. Tínhamos em mente tudo bem detalhado para não dar errado. Em campo estavam os principais jogadores do Sport, entrosados e prontos para a última batalha das oitavas de final.

De um lado Marcos, Wendel, Gustavo, Henrique e Leandro; Martinez, Léo Lima (Élder Granja), Diego Souza (Alex Mineiro) e Valdívia; Denílson (Lenny) e Kléber, o Palmeiras, iminente campeão paulista daquele ano. Do outro, eu no gol, Diogo, Igor que depois deu lugar a César, Durval e Dutra; Daniel Paulista,

Everton, Kássio que foi substituído por Fábio Gomes e Romerito; Carlinhos Bala e Leandro Machado que saiu para a entrada de Roger.

A estrela que iluminou a Ilha do Retiro naquela noite ficou parada mais especificamente em cima de Romerito. O craque, de experiência inconfundível e respeitado por todo o Brasil, liderou o Sport nos 90 minutos, consagrando-se como o grande nome do jogo.

Foi dele a abertura do placar logo aos 7 minutos. Após cobrança de escanteio, o zagueiro Durval escorou; Romerito, de cabeça, empurrou a bola para o fundo da rede palmeirense, 1 a 0 e explosão na Ilha.

Dominávamos todo o time do Palmeiras. Em nossa mente estava o objetivo de neutralizar o jogo adversário e íamos conseguindo. Porém, em um lance estranho, o lateral Leandro do Palmeiras cruzou e Alex Mineiro, oportunista, de cabeça deixou tudo igual, 1 a 1. O resultado, pelo gol fora, dava a classificação ao adversário.

Não nos abalamos. Nossa torcida passou a incentivar o time ainda mais, até que o ápice da alegria chegou. Aos 31 minutos, ainda do primeiro tempo, o craque Romerito, recebendo bola de Carlinhos Bala, empurrou para as redes e deixou 2 a 1 no placar da Ilha.

30 mil pessoas pularam e cantaram no caldeirão vermelho e preto. Emoção misturada à alegria de ver o time na frente. Desorientado, o Palmeiras viu mais uma vez Romerito estufar a rede alviverde, aos 40 minutos da etapa inicial. Mais uma vez Carlinhos Bala dava assistência para o craque da noite marcar. 3 a 1 e um Palmeiras sem ver a cor da bola nos primeiros 45 minutos. No entanto, quem via a partida sabia a cor da bola: ela era rubro-negra.

No intervalo, Nelsinho Baptista chamou para si a responsabilidade em saber conduzir o restante da partida. Nos mostrou o que deveríamos fazer em campo. Em momentos assim entendemos o porquê da experiência de um grande líder. Faz total diferença.

Do outro lado, Vanderlei Luxemburgo mexeu no time, trocou jogadores, mudou o esquema de jogo, tudo para tentar reverter o elástico placar de 3 a 1. Não teve jeito. Mesmo com o susto que tomamos logo no começo do segundo tempo com a expulsão do Everton, jogamos muito bem e fomos para cima.

Já disse que nosso time cresce na adversidade, em momentos turbulentos, e contra o Palmeiras não foi diferente. Na metade da etapa final, o lateral Dutra recebeu sozinho uma bola açucarada e, com um chute cruzado, ampliou o placar para 4 a 1. Não teve mais jeito para o Palmeiras. No apito final da partida estávamos classificados e nosso torcedor estava com o sentimento vingado, mesmo com uma década de atraso.

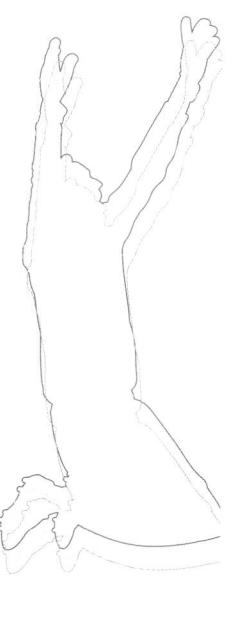

Me lembro de ouvir o Marcos – goleiro do Palmeiras –, dias após o jogo dizer que na Ilha do Retiro era muito difícil jogar. Ele se referia à força que o nosso estádio repassava aos jogadores. Ele se esqueceu de afirmar que naquele 2008, o time do Sport estava encaixado. O time que caísse na Ilha do Retiro dificilmente venceria.

Passando pelo Palmeiras, o Sport fazia história, mais uma vez. Entrava de novo para o seleto grupo de oito times que foram para as quartas de final de uma grande competição nacional. Vasco da Gama, Corinthians Alagoano, Corinthians - SP, Internacional, Botafogo, Atlético Mineiro, São Caetano e nós, o Sport Clube do Recife, o Leão da Ilha.

No cruzamento das chaves, descemos um pouco mais o mapa do Brasil. Saímos do sudeste e entramos no sul. Nosso adversário seria o Internacional, time que havia passado pelo Paraná Clube nas oitavas de final. Mais um confronto duro, em que a alma, perseverança e os torcedores, entrariam em campo com os jogadores, provando mais uma vez que o sonho era capaz de ser realizado.

ESSA ANSIEDADE ACABOU QUANDO EM MEIO AO GRITO DA TORCIDA ENTRAMOS EM CAMPO.

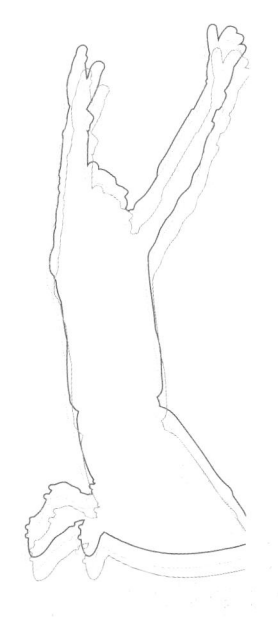

★ ★ ★

QUARTAS DE FINAL:
CONTRA TUDO E CONTRA TODOS

INTERNACIONAL 1 X 0 SPORT

Copa do Brasil – quartas de final – jogo de ida
Porto Alegre, 07 de maio de 2008 / Beira Rio

Desembarcamos em Porto Alegre confiantes. Chegávamos novamente às quartas de final da Copa do Brasil, dez anos depois. Eliminar o Palmeiras foi significativo principalmente pela revanche tardia em relação a 1998. Não sentíamos tanto esse sabor, mas a torcida sabia que havíamos apagado uma lacuna do passado. Teríamos pela frente um time totalmente diferente na forma de jogar, com toque de bola refinado e craques especiais.

Abel Braga tinha o time nas mãos. Com ele, o Internacional era escalado com o que tinha de melhor no elenco: Clemer; Bustos, Índio, Orozco e Marcão; Danny Morais, Guiñazu, Andrezinho e Alex; Fernandão e Nilmar.

Proposta de jogo totalmente ofensiva.

Nós, os 11 leões da Ilha do Retiro, entramos em campo com os nervos à flor da pele escalados com: Luisinho Netto, Igor, Durval e Dutra; Daniel Paulista, Sandro Goiano e depois Júnior Maranhão, César Lucena e Romerito; Carlinhos Bala que deu lugar a Kássio, Enílton e eu no gol.

Jogo difícil contra uma equipe qualificada e empurrada pelo seu torcedor. Tudo parecia uma rocha a ser quebrada, uma travessia em mares turbulentos. Na fé em Deus, foram inúmeros os pedidos para abençoar todos os lances a favor do Sport.

Nossa ideia era não tomar gol de jeito nenhum. A qualidade do Inter era excepcional e poderia fazer a diferença no jogo de volta em Pernambuco.

Nos primeiros dez minutos de jogo, o Inter dominou o nosso meio de campo. Nossos laterais até que davam cobertura, mas não estavam com o ritmo de jogo ideal. Me lembro de que aos 15 minutos, aproximadamente, em um descuido meu, Bustos tocou por cima e o pequeno-grande jogador, Carlinhos Bala, salvou o que seria primeiro gol do Internacional. Um atacante ajudando na defesa. O que taticamente pode ser considerado um equívoco, em um troca de olhar, ao ver o cara designado a fazer gols se esforçando para ajudar nossa defesa, era para o Sport a cara da superação. O jogo tinha 180 minutos e chegaríamos lá. A dificuldade era imensa.

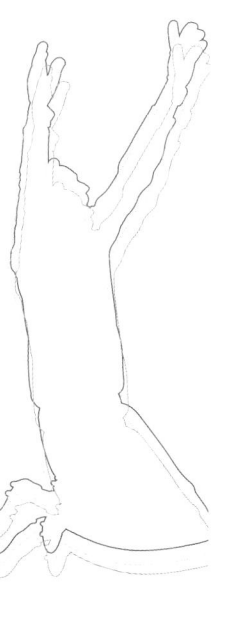

Até a metade do primeiro tempo fomos sufocados A partir daí, começamos a cadenciar melhor o jogo e ter maiores chances de gol. Romerito era o que mais se apresentava no ataque, em lances perigosos.

Acabamos os primeiros 45 minutos, o jogo seguia 0 a 0. Nossa meta estava sendo cumprida e o jogo se desenhava para isso. Tanto que no intervalo, Nelsinho Baptista frisou muito a questão de seguirmos firmes na marcação, em pôr em prática tudo que tínhamos feito até ali. Marcação forte e foco no resultado.

Mesmo com a faca entre os dentes, atenção redobrada, jogando melhor, com posse de bola e bem posicionados, tomamos o gol. Para aumentar o sufoco, foi logo no início da etapa final. Aos 8 minutos, Gil, que havia entrado, cruzou na cabeça do atacante Nilmar. Oportunista, com um leve toque passou para Alex, que fez 1 a 0 para o time da casa.

Após o gol mantivemos a concentração e criamos mais oportunidades. Poderíamos ter empatado o jogo. Marcão foi expulso do time do Inter, mas não conseguimos. No apito final, a decisão empurrada para os 90 minutos da Ilha do Retiro. Precisaríamos vencer por dois gols de diferença. Missão difícil, mas não impossível.

O JOGO DURO, TÉCNICA DURA, LANCES DUROS, TORCIDA DURA. TUDO PARECIA UMA ROCHA A SER QUEBRADA..

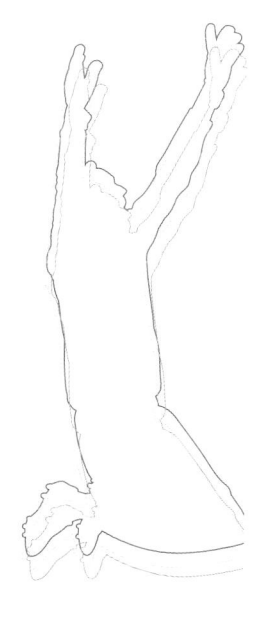

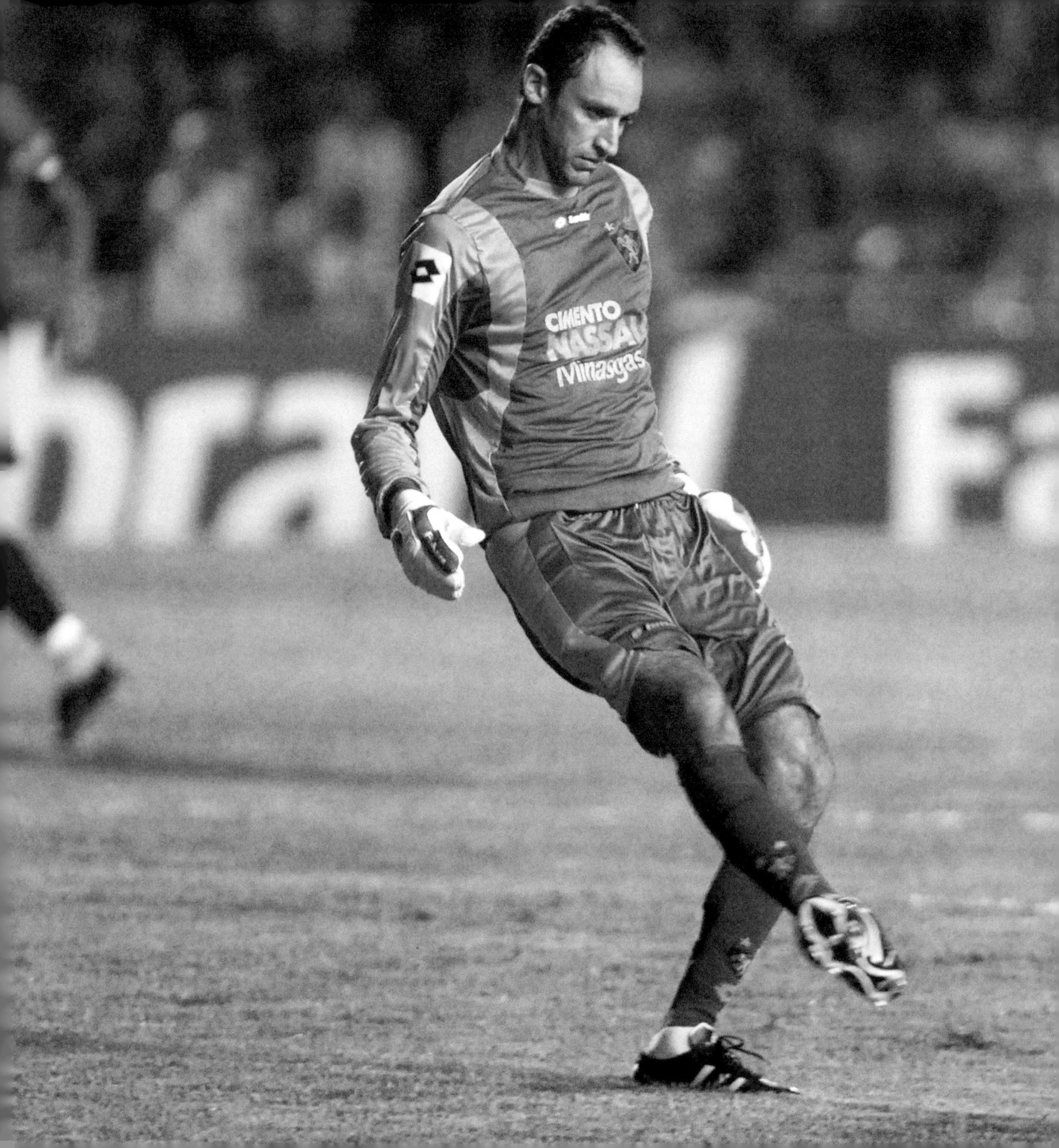
CIMENTO
NASSAU
Minasgas

14/05/2008
Sport 3x1 Internacional
Estádio Ilha do Retiro (Recife/PE)

SPORT 3X1 INTERNACIONAL

Copa do Brasil – quartas de final – jogo de volta
Recife, 14 de maio de 2008 / Ilha do Retiro

O jogo de volta contra o carrossel colorado - nome dado pela mídia e pelos torcedores ao Internacional -, entrou para a memória de cada torcedor do Sport. Todos os 30 mil presentes, exprimidos no nosso caldeirão, nunca mais esquecerão aquele jogo. Motivos para isso acontecer não faltaram.

Fora dos gramados, ouvíamos que o nosso time cairia, não aguentaria o ritmo de jogo do Internacional e que perderíamos a classificação.

A gente sempre insistiu que era possível. Mesmo com o comentário da crônica esportiva sendo praticamente unânime, de que perderíamos, não teríamos fôlego, que era simplesmente sorte chegar até as quartas de final, sabíamos do nosso potencial.

Com a vitória de 1 a 0 na primeira partida, o time gaúcho tinha o empate a seu favor. Cabia ao Sport ganhar o jogo de qualquer forma, revertendo tudo aquilo que nos jogava para baixo.

No gramado entraram como jogadores titulares: eu no gol, Luisinho Netto, Igor, Durval e Dutra; Fábio Gomes, Sandro Goiano, Luciano Henrique e Carlinhos Bala; Enílton e Leandro Machado. Na corrente em torno da fé, o coração deixa entrar os melhores sentimentos. Estávamos ligados a um único propósito e por isso seríamos um time da garra naquela noite. Foi o que aconteceu.

Com três minutos de partida, aconteceu nosso gol, do jeito que sempre treinamos. Luisinho Netto, de maneira calma e com toque de craque, cruzou a bola para a cabeçada fatal de Leandro Machado, 1 a 0. A Ilha do Retiro quase desabou de tanta euforia. Gol no início e os 90 minutos que vivemos no Beira Rio já esquecidos em campo. Tudo igual na soma dos jogos, e logo no começo. Era o que precisávamos.

Mesmo jogando na Ilha do Retiro, o Inter não seria fácil de superar. Os campeões mundiais de 2006 tinham entrosamento e sangue frio.

Já passava da metade do primeiro tempo quando o zagueiro Sidnei dividiu uma jogada com Dutra. A infeliz bola viajou e caiu nos pés de Alex. O meia resvalou para o próprio Sidnei chutar e fazer 1 a 1.

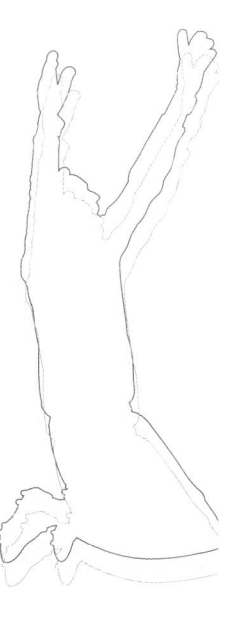

Não me esqueço. A Ilha do Retiro paralisou por alguns instantes, em um silêncio de arrepiar qualquer jogador. Não poderíamos tomar aquele gol, pois nos obrigaria a ampliar a vantagem em dois para classificarmos.

Corremos o resto da etapa inicial, tendo algumas oportunidades, mas o empate em 1 a 1, não era o esperado. Final dos 45 minutos, intervalo. Ao descer para o vestiário, nossos comentários eram sobre a marcação que o Inter passou a desenvolver no seu campo de defesa, recuando ao máximo seus jogadores e jogando no contra golpe. Arma utilizada por qualquer time que tem o placar nas mãos.

Nelsinho Baptista nos chamou a atenção para os erros primários que cometemos. Tecnicamente estávamos jogando bem, mas falhávamos na recomposição de campo quando sofríamos contra-ataques do Internacional. Ressaltava que era possível marcar os gols necessários. Se o Inter tinha sangue frio, nós ferveríamos junto com a Ilha do Retiro para buscar a vaga na semifinal.

O jeito encontrado para nos classificarmos foi pôr nos pés tudo o que vivemos para chegar até ali. Éramos unidos, tínhamos a garra aliada à vontade. Já havíamos eliminado um campeão da América. Nossos familiares e amigos estavam nas arquibancadas, a nação de leões cantava a nosso favor e éramos um grupo e não apenas um time. A superação venceria aquele confronto.

Forças precisavam ser tiradas e nessas horas quem tem Deus sai ganhando.

Roger entrou no lugar do Enílton e marcou o gol do desempate logo aos 16 minutos. Carlinhos Bala atacou pela direita e cruzou para o centroavante, na área, completar. 2 a 1 e a Ilha do Retiro novamente incendiada.

O placar ainda não garantia nossa classificação e por isso o Profº Nelsinho colocou Kássio para dar mais velocidade ao time. Nossa torcida foi fundamental para a busca do terceiro gol. A Ilha era um panela de pressão e o Sport fervia com ela. Cruzamentos, chutes de fora da área, cabeçadas, uma verdadeira blitz. Clemer sentiu a pressão dos Leões da Ilha.

Aos 22 minutos, um baque. Luciano Henrique, em um lance passível de, no máximo, cartão amarelo, divide bola com o lateral direito do Internacional Bustos e é expulso. Percebi que não ouve intenção, foi um lance comum de jogo.

Ficamos com um jogador a menos e mais uma vez tivemos que nos superar. Por sinal esta era uma marca na equipe que não se entregava.

Uma situação a mais para vencer. Já na retomada do lance todos já voltaram ao mesmo ritmo. Nosso gol seria questão de tempo. E foi o que conseguimos. Kássio em uma jogada individual cavou uma falta na intermediária. Para muitos Luizinho Neto iria bater a falta, afinal era o cobrador oficial e costumeiro. Durval, o consagrado multicampeão, chegou próximo ao local e se colocou para cobrar.

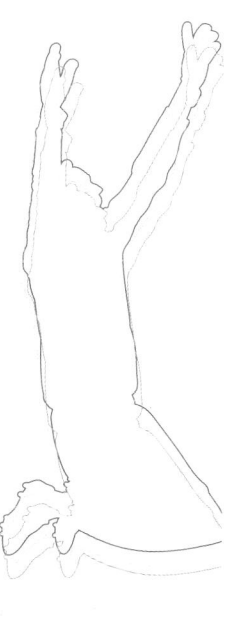

Poxa vida, como ele poderia fazer aquilo naquele instante de jogo? Estava maluco? Não era muito de treinar cobranças de falta, oficialmente eram batidas por Carlinhos Bala ou Luizinho Netto.

Sorte nossa que deixaram ele tomar à frente. Nessas horas aparecem verdadeiros heróis, capazes de fazer algo que não é de costume. Da entrada da área ajeita a bola, corre e solta uma bomba, acertando um lindo chute no canto direito de Clemer aos 32 do segundo tempo. Gritos de alegria, abraços e para onde você olhasse no estádio tinha gente emocionada, explodindo a Ilha do Retiro.

Sentimos a vitória. O Internacional lutava sem sucesso, pois nossa equipe mesmo com um jogador a menos se multiplicou dentro de campo com o apoio do nosso torcedor. Nosso grupo manteve o placar até o final, quando o juiz apitou. Classificação para a semifinal de uma competição nacional. Faltavam quatro jogos para o título inédito e a consagração.

Alegria misturada à ansiedade. O que poderia nos tirar desse momento? Nada nos impediria e aqui vale uma lembrança: classificados para a fase seguinte, nós jogadores passamos a conviver, até de maneira positiva, com um fato isolado, que no futebol mundial é tão comum no coração de um torcedor muito fanático.

Um comentarista do Rio Grande do Sul, da Rádio Guaíba, analisou friamente o jogo em que fomos melhores. Com todos os verbos, ele definiu o Internacional como um time claramente superior ao do Sport, em todos os aspectos que se possa imaginar. Em suas palavras, éramos jogadores de segunda linha, aposentados, desacreditados, que nenhum time grande queria. Não éramos sequer medianos dentro de um time fraco.

Esse comentário passou a ser usado insistentemente por Nelsinho Baptista. Nas preleções, treinamentos e até individualmente por alguns jogadores em casa. Valeu muito ouvir inúmeras vezes o que disse o comentarista gaúcho.

O comentário acordou o campeão.

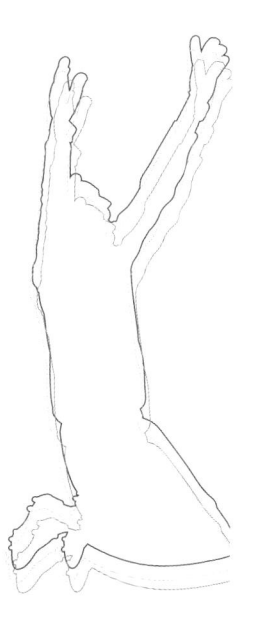

★ ★ ★

SEMIFINAL:
NA BASE DO SOFRIMENTO

SPORT 2X0 VASCO DA GAMA

Copa do Brasil – semifinal – jogo de ida
Recife, 21 de maio de 2008 / Ilha do Retiro

A gente entrou na semifinal muito confiante. Uma esperança grande tomava conta de todo mundo. Devido às experiências que tivemos nos últimos dois confrontos, contra o Palmeiras e Internacional, nossa autoestima se elevou a um nível do tamanho de nossos sonhos. Nem mesmo o Vasco da Gama de Leandro Amaral, Edmundo e do delegado Antônio Lopes poderia nos segurar.

Um momento muito importante para nossas vidas. Sabíamos que nossas condições de chegar à final eram ainda mais reais e que o grupo merecia isso. Não deixaríamos escapar.

Fazíamos questão de ponderar nossos valores, seja na concentração que antecedeu ao primeiro jogo contra o Vasco da Gama, seja nas rodas de conversas com familiares e amigos. O Profº Nelsinho sempre dizia e batia na tecla: "dá pra chegar, dá pra chegar". Acrescentando uma conversa do nosso treinador, ele perguntou se nós jogadores queríamos sair da concentração do Sport e ir para um hotel. A torcida se fazia presente em grande número nas imediações e o grupo decidiu ficar próximo. A união time-torcida era fundamental no processo.

E chegamos. O primeiro jogo da semifinal foi em nossa casa, lotada por sinal. A chance era possível e acreditando nessa conversa, entramos em uma Ilha do Retiro fervendo.

Nosso ritmo era o mesmo de toda a campanha. O Nelsinho Baptista sempre procurou deixar o time focado. Ele é um cara que vislumbra um negócio e vai até o fim. No nosso caso, a possibilidade real da conquista. Para que mudarmos o nosso estilo de jogo?

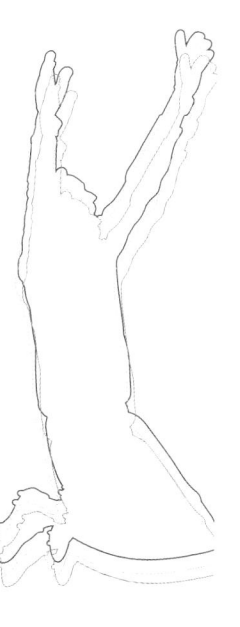

No campo, além da tensão, uma chuva, fraquinha por sinal. Um risco a mais para mim. Bola molhada, gramado traiçoeiro, qualquer desatenção poderia nos colocar em maus lençóis. Naquela noite do dia 21 de maio de 2008, em campo contra o Vasco foram os guerreiros Luisinho Netto, Igor, Durval e Dutra; Daniel Paulista, que saiu aos sete minutos do segundo tempo para a entrada de Everton, Sandro Goiano, substituído por Fábio Gomes também na etapa final, aos 27 minutos, além de Romerito, Carlinhos Bala e Enílton. Kássio também jogou no segundo tempo, entrando no lugar do craque da final. Completaram aquele jogo Leandro Machado e eu no gol.

Nosso primeiro lance de perigo surgiu aos nove minutos do primeiro tempo. Em uma jogada bem trabalhada por Romerito, a bola raspou a trave do lado direito do goleiro Tiago.

Nelsinho Baptista sempre nos dizia que, quando uma chance surge e acaba em perigo de gol, se forçarmos acabaremos marcando. Foi o que aconteceu. Durval, no seu estilo cabeceador, tocou a bola no gol de Tiago. No meio do caminho, Jorge Luiz toca na bola, que bate no travessão e entra. 1 a 0 para o Sport aos 14 minutos do primeiro tempo.

A alegria tomou conta da Ilha do Retiro, assustando o Vasco da Gama que não aguentou a pressão. Aos 18 minutos, fizemos o segundo gol em uma jogada clássica. Da entrada da área, Daniel Paulista soltou a bomba, que morreu no canto direito do goleiro.

Em menos de cinco minutos, abríamos 2 a 0 no Vasco de Edmundo e companhia. Tudo aquilo que o Nelsinho falava, de seguirmos confiantes em busca do sonho, de sermos reconhecidos profissionalmente, de nos tornarmos uma referência ainda maior para familiares, amigos e torcedores, tudo aquilo estava sendo realidade naquele momento do jogo.

Porém, a batalha estava só no começo. Percebíamos que o placar tinha assustado o clube carioca, desajeitado em setores do campo e sem saber o que fazer com aquele coro de mais de 30 mil vozes. O caldeirão fervia.

A pressão do Sport foi do começo ao fim do primeiro tempo. Das arquibancadas, a alegria contagiava nossos jogadores dentro do campo. Tanto que no final da etapa complementar, quase guardamos o terceiro gol. Durval, zagueiro artilheiro, chegou livre dentro da área do Vasco e finalizou. Por sorte (deles), Tiago saiu bem e fez a defesa que nos daria ainda mais vantagem para o segundo tempo.

O sentimento na saída para os vestiários era um só. Jogo difícil, mas aberto para nós. Poderíamos entender melhor os erros do Vasco e explorar nossa velocidade em campo.

Nelsinho sempre soube analisar. E de maneira objetiva, mostrou as deficiências que o Vasco possuía em campo e organizou um time muito mais ofensivo para a volta do segundo tempo.

Naquele momento, só pedia a Deus que me orientasse dentro de campo e que me desse total confiança, assim como foram em todos os jogos do campeonato. Pedi proteção a todos e que fosse feita a sua vontade.

Assim como no primeiro tempo, o Sport entrou ligado e pilhado no jogo. Aos 7

minutos, Leandro Machado dividiu uma bola na saída do goleiro Tiago. Lance que fatalmente seria gol. O mesmo Leandro Machado quase marca aos 18. O arqueiro cruzmaltino defendeu a cabeçada do artilheiro.

Nosso ritmo era intenso enquanto o Vasco jogava para segurar o resultado. Para eles, tomar mais gols seria ainda mais complicado para se reverter em São Januário. Um gol contra o nosso time também seria muito ruim, pois abriria ainda mais o jogo da volta.

Com nosso toque de bola e chegadas mais ofensivas, terminamos o jogo com 2 a 0. Fizemos um grande resultado em casa, dentro de um jogo tenso e nervoso para os dois lados. Lembro que nesse ano de 2008, jogar na Ilha do Retiro era muito difícil para qualquer equipe. Além de um grupo fechado, nossa torcida vivia um momento mágico.

Na partida da volta, em São Januário, sabíamos que seria complicado. Era uma certeza que a história de Edmundo, Antônio Lopes não queria ter um capítulo chamado Sport Club do Recife. Eles fariam de tudo para conseguir essa vaga, que, naquele momento, estava em nossas mãos.

O SENTIMENTO NA SAÍDA PARA OS VESTIÁRIOS ERA UM SÓ. JOGO DIFÍCIL, MAS ABERTO PARA NÓS.

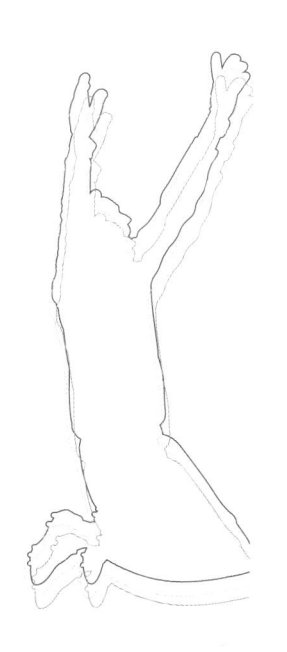

4004-2001

21/05/2008
Sport 2 x 0 Vasco da Gama
Estádio Ilha do Retiro (Recife/PE)

UMA SEMANA CHEIA

Com a vitória no primeiro jogo sobre o Vasco da Gama, nosso time entrou a semana mais leve, porém, ansioso. Disputávamos o Brasileirão, mas nossas cabeças estavam voltadas para a Copa do Brasil e o Nelsinho sabia muito bem disso.

Durante os dias, ele trabalhou mais a nossa parte interior, nossa postura fora dos gramados do que treinos físicos e com bola. Muita conversa: essa era a nossa rotina.

Para mim tudo aquilo era especial. Alegria de poder viver um momento único na vida, estar perto da maior conquista pessoal, e ainda por cima me ver entre um time vitorioso.

Nos treinamentos, intensifiquei meu foco nas cobranças de pênaltis. 2 a 0 era um placar bom, mas passível de ser revertido. A possibilidade de a vaga ser

decidida da marca da cal existia e nada melhor do que treinar cobranças.
Eu sempre treinava pênalti. A partir das oitavas de final comecei a treinar ainda mais, pois era um dos cinco melhores batedores do Sport e a qualquer momento poderia ser utilizado. O Nelsinho falava comigo – "você está no meio" –, o que me soava como uma responsabilidade a mais dentro do campo.

Já no Rio de Janeiro, o Sport treinou no campo do Fluminense. Justamente no último treino que a gente teve na véspera da decisão contra o Vasco, eu não bati pênalti. Fiquei sem bater. Todo mundo bateu e eu não.

Naquele momento o Nelsinho não me chamou. E tudo bem, meu lugar era no gol. Ali que eu tinha de atuar de forma profissional.

Mal sabíamos que a passagem para a final seria da forma mais dolorida para o torcedor.

SÃO JANUÁRIO, ANTES DO JOGO

Faz parte da cultura do futebol os fogos de artifício. Na maioria das vezes servem para se comemorar uma vitória, um título, uma forma de expressar a alegria de vencer. Porém, muitas vezes servem para prejudicar o adversário do time do seu coração, e foi isso que aconteceu com toda a delegação do Sport no Rio de Janeiro.

No hotel em que ficamos hospedados, na noite anterior ao jogo, as ruas ao redor foram tomadas por foguetórios a cada hora. Como estávamos concentrados, não nos atrapalhou o sono. Alguns esticaram e dormiram até mais tarde, mas nada que gerasse medo e confusão como foi na chegada ao estádio São Januário, horas antes do jogo.

Passamos uma pressão muito grande. Fogos de artifício começaram desde os jogos contra o Internacional, mas soltos à noite, sem interferência direta a um jogador, por exemplo. Na chegada a casa do Vasco da Gama, a sensação foi das piores possíveis.

Na avenida que dá acesso ao estádio, havia muitos torcedores cruzmaltinos. Quando nosso ônibus chegou próximo ao ponto de concentração da torcida, pedras, garrafas, pedaços de pau, tudo o que se possa imaginar foi atirado contra nós.

Quase todos os vidros do ônibus quebraram. Quem estava dentro foi obrigado a se deitar no chão. Me lembro que na hora, o Luciano Henrique começou a filmar a cena. Todo mundo no chão, para depois mostrar à direção vascaína. Nosso atacante Carlinhos Bala foi atingido por estilhaços de vidro, bem a minha frente. Por pouco não se feriu gravemente.

Um pânico absurdo. Quando conseguimos entrar em São Januário, levantamos todos e contabilizamos os estragos. Graças a Deus nenhum ferido gravemente. Porém, não tinham terminado ali os nossos constrangimentos.

Quando, enfim, conseguimos nos preparar para aquecer, eles não tinham aberto o vestiário. Algo padrão para os visitantes em jogos decisivos em São Januário. Tivemos que nos virar no lado externo.

Foi a primeira vez que passava por tudo aquilo, em um jogo só. Xingamentos são normais, mas correr o risco de não jogar, de fato, foi a primeira vez.

Contudo, tudo aquilo nos deu uma força maior para não perdermos a vaga. A raiva fez transbordar o sentimento de buscarmos ainda mais a vitória e lotado de cruzmaltinos, para dar uma resposta que mereciam. A gente levou para as quatro linhas tudo que sofremos do lado externo do estádio.

O QUANDO CONSEGUIMOS ENTRAR EM SÃO JANUÁRIO, LEVANTAMOS E CONTABILIZAMOS OS ESTRAGOS.

VASCO DA GAMA 2X0 SPORT

Copa do Brasil – semifinal – jogo de volta
Rio de Janeiro, 28 de maio de 2008 / São Januário

24.033 pagantes. Esse foi o público que assistiu ao decisivo jogo que daria a um dos times a classificação para a grande final da Copa do Brasil de 2008. Um mundo de sensações inundavam minha cabeça naquele momento de entrada no gramado e a constatação das arquibancadas. O desafio ali na minha frente e eu pronto para me tornar finalista de uma grande competição nacional.

Antes de entrarmos no gramado, o Nelsinho me chamou e me perguntou se estava tudo bem. Naquela ansiedade, com tudo o que tínhamos passado momentos antes do jogo, estava pronto para a guerra. Surpreendentemente, ele vira para mim e diz: "se for para o pênaltis, você bate?"

Naquele momento, o que fosse feito para ganhar o jogo faria. Bateria escanteio, cabecearia, cobraria falta, tudo. Tinha total confiança no meu profissionalismo e aceitei o seu pedido.

Entramos em campo com a formação dos últimos jogos. Eu no gol, Igor, Durval e César; Luisinho Netto, Daniel Paulista, Sandro Goiano, Luciano Henrique e Dutra; Carlinhos Bala e Leandro Machado. Entraram no segundo tempo Everton, Fábio Gomes e Enílton.

Os terríveis sinalizadores, que horas antes atordoaram nossa chegada, coloriam céu de São Januário, numa demonstração de carinho ao time carioca.

O caldeirão estava pronto e o jogo começou com pressão total. O Vasco em cima, pelo lado esquerdo, pelo meio, cruzamentos, uma pressão absurda. Porém, o nervosismo deles era evidente, a obrigação de fazer o resultado atrapalhava a equipe carioca, o que por consequência nos ajudava no jogo. Nosso time, concentrado, atuava nos erros do adversário, criando boas chances de gol.

Os primeiros riscos quem passou foi o Vasco. Leandro Machado, aos 15 minutos, chutou da entrada da área, exigindo do goleiro Tiago elasticidade total. Quatro minutos depois, aos 19, Carlinhos Bala quase marcou. Um chute difícil e Tiago mais uma vez no lance.

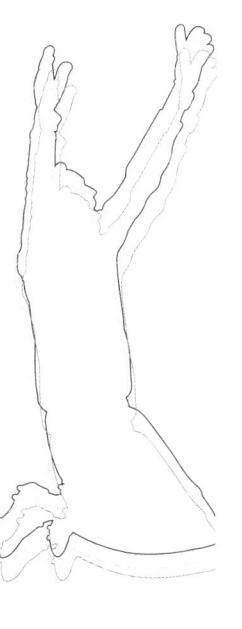

Jogávamos bem, marcávamos os principais jogadores do Vasco e anulávamos qualquer possibilidade de lance perigoso. Nas arquibancadas, a torcida já não empurrava o Vasco como no início, em um misto de tensão, nervosismo e raiva.

Esse foi o cenário do primeiro tempo. 45 minutos de evidente descontrole do time adversário e passes certos de nossos jogadores. Do nosso lado, caminhávamos para mais uma decisão da Copa do Brasil, assim como foi em 1989, quando o Sport foi vice-campeão. À época a chance do título parou nos pés do Grêmio.

No intervalo, o olhar de cada um no vestiário era de concentração. Uns em silêncio, outros discutindo tática de jogo, outros nervosos. Eu escutava atentamente o que cada um falava, as orientações, tudo.

Precisávamos manter o ritmo e comemorar a classificação.

Contudo, jogo decisivo é diferente. Ao subir para a etapa final, via que novamente estava inflamada a torcida, em um ritmo alucinante. Aqueles 45 minutos seriam mais do que um segundo tempo de jogo, seriam a prova viva de que a guerra estaria novamente armada.

Antônio Lopes entrou com o time mais à frente. Jean, jogador de qualidade e rapidez, havia entrado no lugar de Alex Teixeira. O ritmo era outro. Nossa zaga passou a trabalhar mais e nosso contra-ataque passou a ser nosso jogo principal.

Aos 14 minutos, fiz a primeira grande defesa do jogo. Mádson, craque que depois despontou no Santos e no Atlético Paranaense, deu um lindo passe para Leandro Amaral, que chutou forte em direção ao gol. Fiz uma defesa difícil, mantendo o 0 a 0 no placar de São Januário.

Nossos zagueiros eram altos. Durval, principalmente, era uma muralha que dificilmente falhava. E foi justamente por onde não tínhamos tanto problema que o Vasco abriu o placar. Na pressão, aos 19 minutos, desta vez o outro Leandro, o Bomfim, cruzou na cabeça do xará Leandro Amaral. Gritos nas arquibancadas, Vasco 1 a 0.

Um balde de água fria, mesmo com a expulsão do zagueiro vascaíno Luizão, logo após o gol. Mais um gol e a decisão iria para os pênaltis. Não poderíamos deixar escapar a campanha construída pelo Sport desde aquele primeiro jogo contra o Imperatriz, no Maranhão.

Conversávamos dentro de campo. Aquele era um momento decisivo, estávamos confiantes pelo fato das coisas acontecerem da maneira que vinham acontecendo. Tudo de bom estava sendo vivenciado na vida de cada um ali. Precisávamos jogar muito e esperar o fim do jogo chegar.

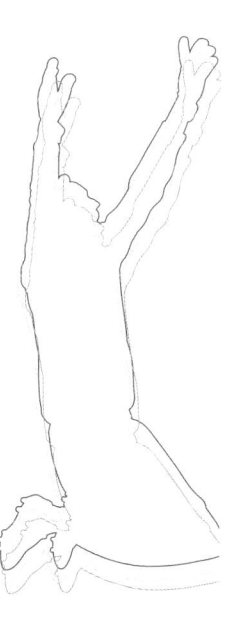

Nos contra-ataques, a eficiência dos nossos jogadores. Por todo o segundo tempo jogamos assim. Quase nos classificamos no gol perdido por Enílton faltando cinco minutos para terminar. Em um chute venenoso, a bola bateu na zaga do Vasco e na trave. Quase.

Quem não faz, leva, e o castigo ao nosso time veio da pior forma. No final do jogo, aos 45 minutos do segundo tempo, em um lance de desespero do Vasco, o jogador Pablo, sem muita pretensão, chutou. Dei rebote justo nos pés de Edmundo. Gol do Vasco da Gama, 2 a 0. Apito final, decisão nas penalidades máximas.

Em decisão nos pênaltis quase sempre o goleiro sai como herói, mas nesta disputa todos saíram. Foram guerreiros convertendo os pênaltis em gols.

PRECISÁVAMOS MANTER O RITMO E COMEMORAR A CLASSIFICAÇÃO.

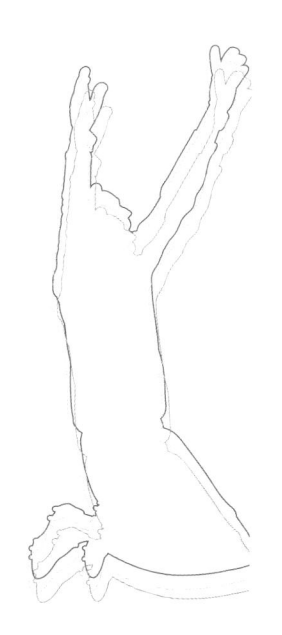

VASCO DA GAMA 4X5 SPORT (PÊNALTIS)

Copa do Brasil – semifinal – jogo de volta
Rio de Janeiro, 28 de maio de 2008 / São Januário

O estádio de São Januário veio abaixo. A torcida passou a confiar no time, na decisão por pênaltis. Passaram a sentir que a vitória estava bem perto.

Do nosso lado, a calma deveria ser a moeda de troca naquele momento. Tudo que vivemos até ali precisava ser colocado dentro do gramado. As dificuldades, as provocações que nosso time não chegaria longe na competição, ou seja, tudo.

Na semana que antecedeu ao jogo, como nas anteriores nas outras fases, Nelsinho Baptista exigiu muito de todos, inclusive o treino de pênaltis. Os cobradores oficiais esmiuçavam em melhorar suas cobranças e eu, em especial, participava em todos os momentos. Gostava de pegar pênalti, e ficar até mais tarde desenvolvendo esse tipo de fundamento era muito especial. Sabia que uma hora precisaria entender o real motivo de tanto treinamento.

Naquele instante, porém, sentimos um baque. Não queríamos que o jogo fosse para as penalidades. A gente não esperava isso porque pensávamos friamente que decidiríamos no tempo normal.

Porém, na adversidade, podemos nos superar e resolver nossos problemas. Nos reunimos, falamos que não iríamos perder ali do jeito que as coisas estavam indo, porque algo de bom iria acontecer para a gente. Treinamos muito, exaustivamente para uma situação daquelas.

Lembro que o Romerito falava muito, Daniel Paulista, Sandro Goiano e Igor, o time tinha muitos jogadores ali que passaram a falar palavras de motivação, de conforto na alma, de incentivo. Todos foram unânimes: a vitória seria ao nosso favor.

Na primeira cobrança, Edmundo isolou a bola. O Vasco errava sua primeira cobrança. Fui na bola e se fosse para o gol tenho certeza que pegaria. Nesse momento uma coisa me surpreendeu: pela primeira vez na vida vi um juiz me pressionar em campo por conta do erro do outro time.

No jogo de São Januário, foi escalado para apitar a partida o árbitro das Minas Gerais Alicio Pena Junior. Seus assistentes foram Altermir Haussmann, do Rio Grande do Sul e Gilson Bento Coutinho, do Paraná.

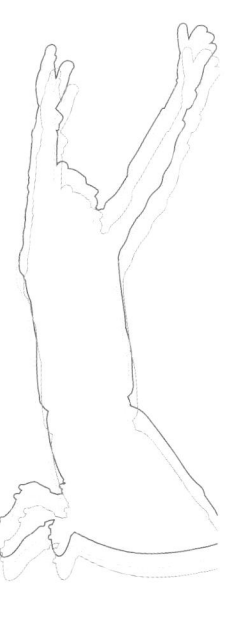

Após a cobrança errada do Edmundo, o árbitro veio até mim e me pressionou. Disse que se eu pegasse um pênalti ele mandaria voltar. Acusou-me de sair antes na bola, o que não era verdade. Foi a primeira vez que ouvia tal declaração na vida.

Mais uma pressão. Torcida, Vasco, árbitro. Tudo no mesmo dia, no mesmo jogo. Mas não adiantou. Luizinho Netto foi para a primeira cobrança e Sport 1 a 0. Leandro Amaral deixou tudo igual na segunda cobrança. Fábio Gomes mais uma vez botou o Sport na frente, 2 a 1.

Chegava à vez dos goleiros. Primeiro Tiago, do Vasco, 2 a 2 na terceira cobrança. Surpreendendo a todos que estavam no gramado e que não me viram treinar cobranças de pênaltis no dia anterior ao jogo, fui cobrar para o Sport. 3 a 2.

Senti o maior frio na barriga. Já tinha ouvido relatos que neste momento o jogador que vai para a cobrança, sai do meio-de-campo e passa um filme na cabeça. A caminhada do centro do gramado até a marca da cal é muito longa. No meu caso esta caminhada foi muito rápida. Foi uma espécie de curta metragem.

Só deu tempo de pedir a Deus que me ajudasse. Quando eu coloquei a bola na marca, dei alguns passos para trás. O frio na barriga aumentou, fui em direção à bola e bati do jeito que eu treinava: no canto e alto, assustando a muitos, inclusive a mim, pois a bola acabou batendo no travessão antes de entrar. Respirei. GOOOOOOOOL!

Encaminhávamos para o final das penalidades. Via meus companheiros no centro do gramado de mãos unidas, alguns rezando, outros procurando alguma coisa para conter a ansiedade.

Na quarta cobrança do Vasco, Leandro Bomfim empata tudo de novo, 3 a 3. Não poderíamos errar nenhuma das duas cobranças finais. Nosso incansável Dutra faz 4 a 3. A pressão toda para o Vasco. Se Wagner Diniz errasse, nossa classificação estaria consolidada. Se fizesse, estaria nos pés de Carlinhos Bala tal feito. E foi o que aconteceu.

Wagner Diniz converteu a última cobrança e Bala sacramentou a nossa classificação. 5 a 4 nos pênaltis e estávamos na decisão da Copa do Brasil de 2008.

Sentimento de êxtase. Aquela final representava para mim uma realização pessoal e acredito que de todos que estavam no Sport. O único que tinha vivido tudo aquilo era o Romerito, campeão pelo Santo André. Para mim era inédito disputar uma final de Copa do Brasil, estar em uma decisão de um campeonato importante em âmbito nacional.

Enfim, estávamos na final e o adversário seria o Corinthians. Mais uma pedreira.

Mas uma batalha para o Sport vencer.

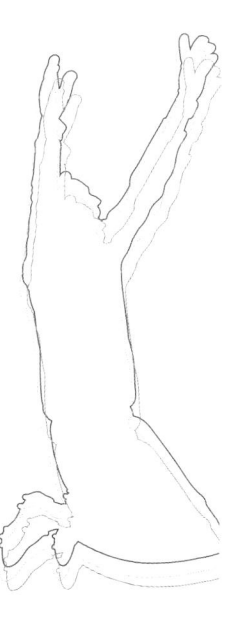

RECIFE, SEMANA ANTERIOR AO PRIMEIRO JOGO: O RELACIONAMENTO COM O TORCEDOR E OS MOMENTOS COM A FAMÍLIA

Onde se andava em Pernambuco, um assunto era o mais falado: a decisão do Sport contra o Corinthians. A gente via que a cada fase que passávamos, os rubro-negros comemoravam pelas ruas. Estar na final era uma sensação diferente.

Víamos a loucura que ficou a cidade. Éramos parados nas ruas, com abraços de incentivo, com o coro de que seríamos campeões, um apoio nunca sentido antes.

"Vai dar"! Essas eram as palavras ouvidas por todos os jogadores, apoio que vinha da família e do torcedores.

Para mim, Deus, família e torcedores foram fundamentais. Ajudaram-me muito. Creio bastante em Deus, fui vendo que todas as fases a gente passava por cima de gigantes.

Comecei a me colocar como Davi (personagem bíblico). O Sport como Davi. Pegamos o primeiro gigante, o Palmeiras, e passamos. O segundo gigante, Internacional, e passamos. O terceiro gigante, Vasco da Gama, e passamos.

Na final, o quarto gigante e ainda maior, o Corinthians. Retrospecto, camisa, tudo envolvia meu sentimento. A mídia, como sempre, mais uma vez trabalhava a ideia de que o Corinthians seria o campeão. Outro gigante, os meios de comunicação.

Mas, revelo uma coisa. Podia vir o Barcelona daquele tempo que a gente estava fechado e não tinha time ali para derrubar o Sport.

RECIFE, SEMANA ANTERIOR AO PRIMEIRO JOGO: A ANSIEDADE

Nelsinho Baptista sempre foi um técnico diferenciado. Além de ser totalmente profissional, tornava-se amigos de todos em momentos decisivos. Sabia lidar muito bem com o inimigo número um nesses momentos: a ansiedade.

Durante toda a semana de treinos, ele trabalhou em cada um o lado psicológico. Em grupos ou em conversas individuais, o treinador tentava mostrar que não adiantava ficarmos angustiados com a decisão, até porque ela seria decidida em nosso campo. Ou seja, ele entendia o valor da torcida nos mandos de jogo na Ilha do Retiro.

Numa hora dessas, o time já está fechado e não tinha mais o que fazer. Tínhamos experiências vividas. Agora era o fato de trabalhar a ansiedade e esperar o jogo.

Me lembro de que jogamos no final de semana antes da decisão contra o

Corinthians. Nelsinho poupou todo mundo. Foi a única partida que fiquei de fora do Brasileiro, tamanho o foco destinado à decisão.

Entediamos perfeitamente a sua posição enquanto líder daquele grupo. Não poderíamos mesmo deixar que tal sensação de euforia, nervosismo e ansiedade fizessem de nós seus reféns. Agradeço todos os dias por ter tido um grande profissional à frente do Sport como Nelsinho Baptista.

RECIFE, SEMANA ANTERIOR AO PRIMEIRO JOGO : RELIGIOSIDADE

Minha esposa e eu somos cristãos. Temos muita fé e na semana desse jogo fazia muito tempo que não encontrávamos uma irmã da igreja. Ela não acompanhava o que o Sport vivia naquele momento e não entendia de futebol.

Um dia estávamos fazendo compras e encontramos esta irmã. Ela conversou com a gente sobre tudo, até chegar a uma passagem bíblica que marcaria minha vida. Ela falou de uma guerra. Nessa guerra as pessoas que venceram, levaram os levitas (membros da tribo de Levi), músicos, que oraram no momento de caos. Era uma grande multidão que ia ao encontro a esse povo e no final, esse mesmo povo conseguiu uma vitória.

Ela me deu a receita. Meditar na passagem de duas crônicas - Capítulo 20 e acreditar porque tudo daria certo. Quando disse aquilo comecei a colocar na cabeça a grande guerra que estava por vir, os jogos contra o Corinthians.

Após esse encontro, minha esposa e eu passamos a entrar em contato com pessoas que conhecemos e que são da igreja para nos ajudar nesta batalha em oração. Começamos a comparar a situação que a gente estava vivendo, que era uma adversidade, que a gente estava lidando. Sabia que éramos a maioria no Sport, mas ao mesmo tempo, entendia que por trás a grande multidão era representada pela torcida do Corinthians, os que apoiavam a favor do gigante paulista e que tudo seria uma guerra.

Toda essa história me chamou atenção, porque a irmã não entendia futebol e descreveu uma passagem, assim, justamente o que ocorreria nos dois jogos contra o Corinthians.

★ ★ ★

FINAL:
SOMOS CAMPEÕES

CORINTHIANS 3X1 SPORT

Copa do Brasil – final – jogo de ida
São Paulo, 04 de junho de 2008 / Morumbi

No primeiro jogo havia uma grande multidão: cerca de 60 mil corintianos tomaram os lugares disponíveis. Foi muito especial para todos e principalmente para mim. Ver o Morumbi lotado, uma emoção grande. Tenho em minha família toda a gratidão. Foram eles que acreditaram no meu sonho, me ajudaram, sempre tiveram na mente de que um dia eu pudesse estar em um ambiente como aquele que vivia na decisão da Copa do Brasil.

Quando cheguei ali e vi tudo aquilo, sabia que o sonho da minha família estava sendo realizado. A luta vivida lá no começo da carreira, se justificava. Tudo era especial naquele momento. Além disso, estar ali tinha um gostinho diferenciado para todos os torcedores do Sport. Era a disputa de um título inédito. A possibilidade de colocar o nosso nome na história do clube era real e estava próxima de acontecer.

Falando de torcida, voltei no tempo em que era torcedor, quando acompanhava os jogos lá em São Paulo. Uma lembrança rápida. Agora eu estava no inverso, fazendo com que o prazer fosse transmitido para os torcedores do Sport.

Emoções à parte, o jogo seria muito difícil porque o Corinthians era o time a ser batido no Brasil. Craques como Herrera, Alessandro, Chicão, Carlos Alberto despontavam no cenário nacional, além do comando preciso do técnico Mano Menezes.

Nossa base de craques entrou no Morumbi comigo no gol, Luizinho Netto, Igor, Durval e Dutra; Fábio Gomes, Daniel Paulista, Sandro Goiano e Luciano Henrique; Carlinhos Bala e Leandro Machado. Como costumeiramente fazia, Nelsinho colocou no jogo ainda Everton, Roger e Enílton.

Começamos o jogo sofrendo muito com o ritmo imposto pelo Corinthians. E isso deu um efeito prejudicial ao nosso time. Com 25 minutos de partida, o clube paulista já estava com 2 a 0 no placar. Aos 18 minutos, Dentinho fez o primeiro e aos 23 foi a vez de Herrera ampliar.

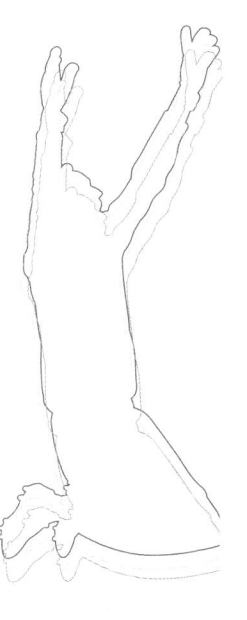

Visivelmente abalado, nosso time deu o sangue dentro de campo no primeiro tempo. Equilibramos a partida, que por sua vez ficou assim até o final da etapa complementar.

Nos vestiários, os líderes sempre falavam na frente. Nelsinho tentava acalmar a todos com palavras de ordem, para que construíssemos um jogo concentrado, como em todos os jogos decisivos que vivemos até ali. Não poderíamos cair daquela maneira, passível de goleada, o que dificilmente seria revertido no jogo de volta, na Ilha do Retiro.

No segundo tempo, mantivemos o equilíbrio dentro de campo, com reais possibilidades de marcamos um gol, o que daria vida e novo estímulo a todos do Sport. Nelsinho Baptista pediu para adiantarmos a marcação, o que surtiu efeito, principalmente em nosso meio-de-campo. Leandro Machado chegou várias vezes perto de marcar. Igualamos as ações até o atacante uruguaio Acosta, aos 28 minutos, fazer 3 a 0 para o Corinthians.

Um banho de água fria que não esfriou a todos por completo. Aos 38 minutos da etapa final, Enílton descontou para o Sport. Um gol salvador. Mesmo a gente perdendo de 3x1 comemorávamos dentro de campo. Vimos à reação instantânea dos jogadores do Corinthians. Sentiram que o título, cantado pela torcida ainda no primeiro jogo da decisão, já não era tão real assim. Todos baquearam. O semblante dos jogadores era de consternação.

Nosso gol causou um silêncio absurdo no Morumbi. Todos ali sabiam que o Sport, em casa, teria uma força muito grande com sua torcida. Comemoramos muito quando a partida acabou. (Sabíamos que aquele gol era o gol do título) – frase de Carlinhos Bala. Um gol fantástico, algo que reergueu nossa esperança de novo.

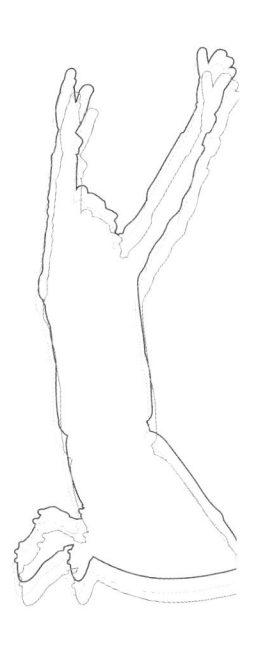

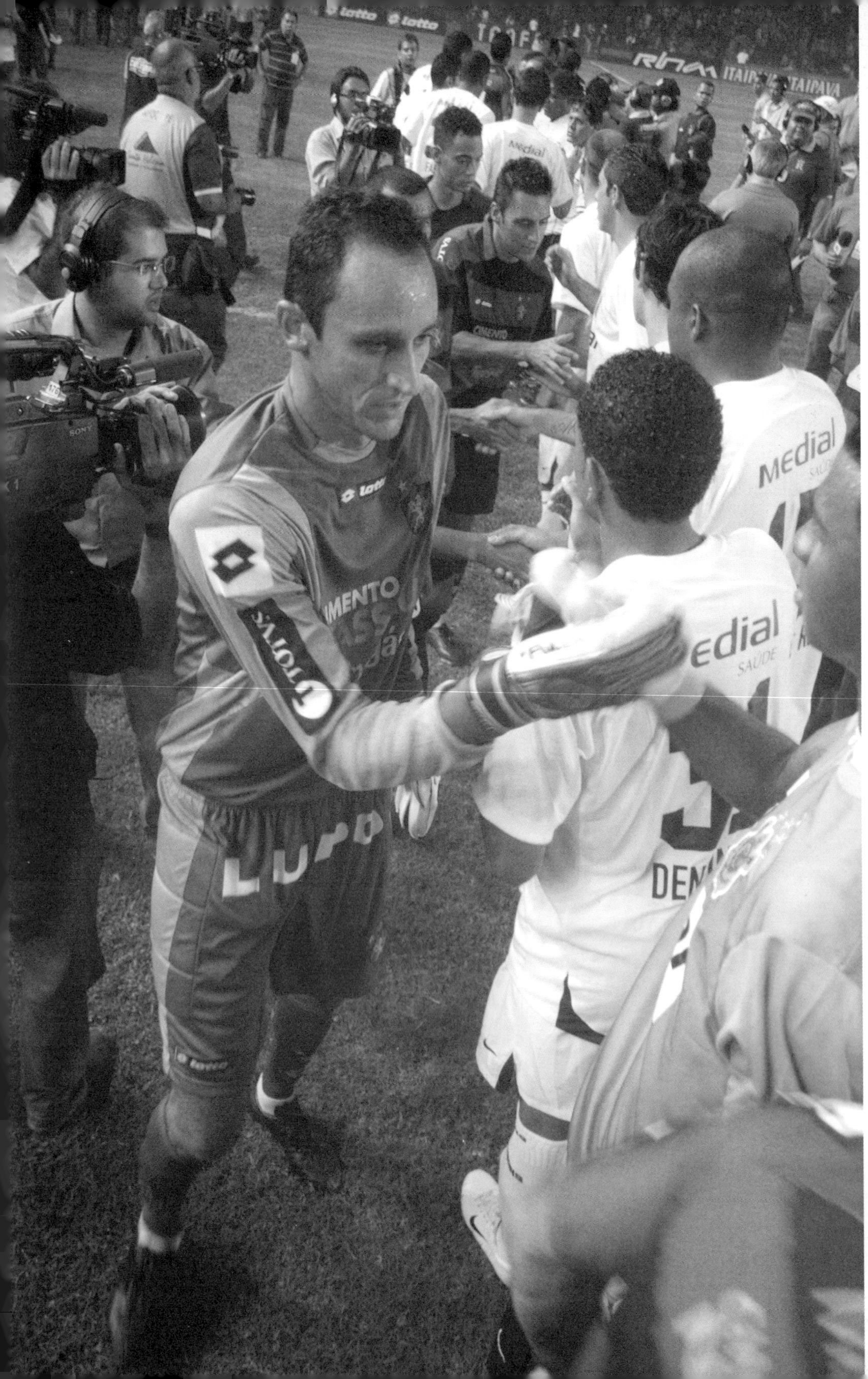
lotto
ITAIPAVA
Medial
SAÚDE
TOTVS

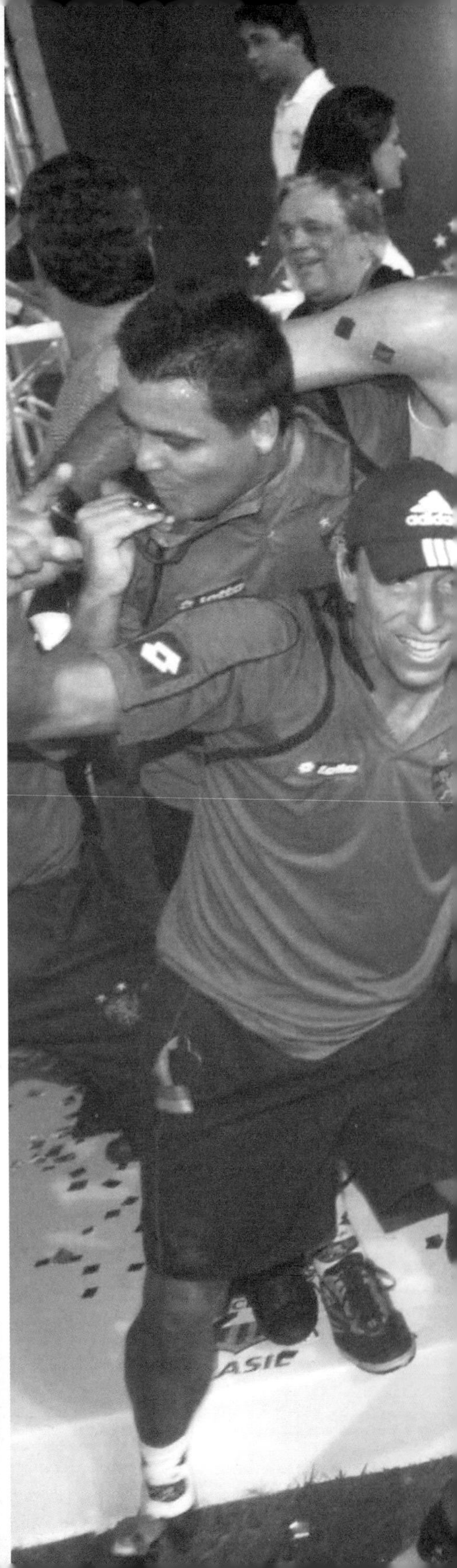
lotto
adidas

11/06/2008
Sport 2 x 0 Corinthians
Estádio Ilha do Retiro (Recife/PE)

SPORT 2X0 CORINTHIANS

Copa do Brasil – Final – jogo de volta
Recife, 11 de junho de 2008 / Ilha do Retiro

A final da Copa do Brasil de 2008 foi decidida em nosso caldeirão. A Ilha do Retiro estava abarrotada e o que se via era um estádio pintado de vermelho e preto. Uma festa sem precedentes, um momento mágico.

Na véspera da decisão, entretanto, Nelsinho Baptista chamou o time todo. Ao lado do campo, alguns profissionais já armavam o palco, colocando algumas coisas da festa do título bem próximo ao gramado. Me lembro dele chegar e dizer a todos: "estão começando a armar o palco, agora resta saber se a gente vai subir lá ou não".

Ali senti um gosto diferenciado da vitória que buscávamos. Um sabor de luta, de vontade, de valorização profissional, pessoal, um sabor que deveríamos compartilhar com a torcida, que nos apoiou desde a primeira fase da competição, nas ruas, em todos os lugares. A gente vai subir sim, a gente vai estar lá, pensei.

Fomos a campo com mudanças significativas. Romerito não mais fazia parte do elenco. Em uma infeliz manobra do Goiás, que exigiu o retorno do atleta para o clube naquela semana, ficamos sem o craque. O contrato do jogador com o clube se encerrou dias antes e Paulo Goulart, presidente do Goiás - que tinha os direitos federativos do atleta -, havia prometido que o liberaria para jogar as finais. Isso não aconteceu. O contrato necessitava uma prorrogação e pelas leis trabalhistas brasileiras, o compromisso seria esticado por no mínimo três meses. O clube esmeraldino não aceitou tal situação. Uma situação muito ruim, estranha e triste. O jogador era um dos líderes do grupo e sua ausência nos assustou.

Sua magia profissional, porém, estava presente. Na Ilha do Retiro, mais especificamente na preleção que Nelsinho Baptista fez com todos nós jogadores, Romerito estava lá, apoiando a cada um, postura fundamental para a equipe do Sport.

Outra situação diferente foi a surpreendente escalação de Diogo no lugar de Luisinho Netto, e Kássio, jogador que sempre entrava na etapa final das partidas, como titulares da decisão.

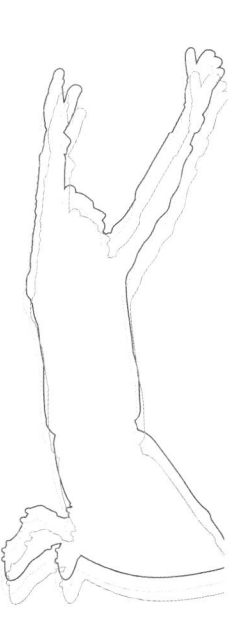

Entramos assim: Eu no gol, Diogo, Durval, Igor e Dutra; Daniel Paulista, Sandro Goiano, Luciano Henrique, que saiu para a entrada de Everton no segundo tempo. Completaram o time Kássio, que deu lugar a Enílton ainda no primeiro tempo; Carlinhos Bala e Leandro Machado, que saiu no intervalo para a entrada de Roger.

O Corinthians jogou com o que tinha de melhor. Felipe; Carlos Alberto, que saiu para a entrada de Lulinha no jogo, Chicão, William e André Santos; Fabinho, Eduardo Ramos, Alessandro e Diogo Rincón, que deu lugar a Acosta; Herrera e Dentinho. Wellington Saci também entrou no segundo tempo.

Nervos à flor da pele, demos início à decisão. Truncado, sem muitas jogadas importantes, o Sport tentava de todas as formas se desvencilhar da retranca armada por Mano Menezes. De maneira ousada, Nelsinho tirou aos 25 minutos do primeiro tempo o jogador Kássio e colocou Enílton, o que modificou a nossa forma de jogar.

Qualidade nos passes e jogadas de bola parada deram o ritmo do nosso jogo. Até que aos 34 minutos abrimos o placar. Luciano Henrique tocou oportunamente para Carlinhos Bala marcar, livre, o primeiro gol do Sport.

O estádio veio abaixo. No gol, lá atrás, meus olhos encheram de água, inundaram meu rosto de alegria. Não conseguia me controlar de tanta felicidade. Alguns de nossos jogadores mal conseguiram se abraçar, pois estavam tão pilhados no jogo que queriam logo que recomeçasse.

Eles tinham razão. O caldeirão esquentou muito e fazer 2 a 0 naquele momento seria fundamental.

E foi. Após cobrança de escanteio, a bola sobrou para Luciano Henrique. De fora da área, ele chutou de forma inteligente, em cima de vários jogadores que estavam na grande e pequena área. Ao quicar, passou por cima da cabeça de Enílton, que, espertamente, pulou na bola, confundindo o goleiro Felipe. A bola passou por baixo de suas pernas e entrou. 2 a 0 e uma Ilha do Retiro de sentimentos inexplicáveis. Por incrível que pareça, o gol do Luciano Henrique foi o primeiro em toda a competição.

Ótimo. Não precisava outro.

A partir daí o jogo virou. A emoção que fazia as nossas vidas inflamarem naquele jogo de final de campeonato era a mesma que nos instigava a continuar a busca pela taça de nossos sonhos. Tudo era maior, era divino.

Encerramos os 45 minutos iniciais campeões. Faltavam mais 45 e o título viria para Pernambuco, pela primeira vez nas mãos do Sport. No vestiário, uma mistura de alegria, choro, medo e ansiedade. Mas uma sensação era coletiva: ganharíamos.

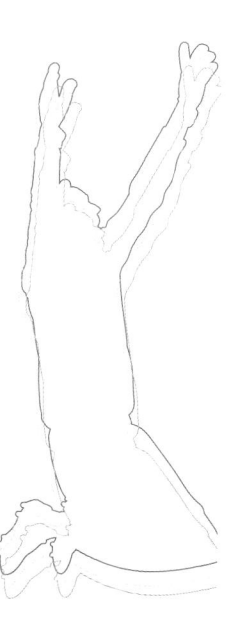

Na conta das minhas defesas, muito trabalho. Aos 6 minutos, subi em uma bola difícil, junto com o atacante Dentinho, onde consegui segurar a bola e evitei o que seria a abertura do placar. Já aos 22, em um cruzamento da direita, a bola cortou a área e em um impulso de goleiro peguei a bola já no pé do jogador do Corinthians. No último lance do primeiro tempo, o Corinthians cobrou escanteio à esquerda do meu gol. Alessandro cobrou na cabeça de Fabinho. A dificuldade foi maior porque a bola bateu primeiro no chão para depois ir ao gol. Espalmei novamente para escanteio.

Na volta do intervalo, o Corinthians voltou com Lulinha e Acosta. Nelsinho colocou em campo Leandro Machado, experiência essencial para aquele momento de decisão.

A pressão que o Corinthians colocava era muito grande, fazendo com que a dupla de zaga Durval e Igor trabalhasse bastante. Eram duas muralhas no sistema defensivo, ajudados pelos volantes Daniel Paulista, um guerreiro, e Sandro Goiano, com toda sua experiência. Não posso esquecer-me de falar dos laterais Dutra, o incansável e Diogo, jovem que parecia não sentir a pressão de um jogo decisivo.

Os minutos iam passando e a ansiedade aumentava. Aos 7 minutos, Acosta cabeceou livre e eu fui buscar uma bola junto à trave esquerda. No rebote o bandeirinha marcou impedimento no lance.

Nosso time também quase marcou. Aos 25 minutos, o guerreiro Luciano Henrique invadiu a área pela esquerda e chutou cruzado. Com um leve toque na bola, Felipe desvia dos pés de Roger, que por pouco não marcou o terceiro gol.

Aos 27 minutos, o maior susto do jogo. Me recordo de um lance onde os nossos jogadores ficaram reclamando de falta no meio-de-campo e ficamos parados. O jogador do Corinthians bateu rápido e pegou nosso time desatento, coisa rara. Lulinha apareceu na minha direção (não podíamos tomar esse gol). Tive tempo apenas de me posicionar, totalmente adiantado, depois da marca do pênalti, quando ele chutou. Pulei e graças a Deus pude evitar o gol.

De maneira racional, o Corinthians passou a dar ritmo no jogo na busca de um gol salvador. Porém, sobravam os contra-ataques para nós, o que por várias vezes nos deu a oportunidade de marcar o terceiro. Tudo caminhava para um final de jogo eletrizante quando o Corinthians sofreu duas baixas importantes. Aos 28 e aos 42, Wellington Saci e William foram expulsos de campo.

Esse momento, duas expulsões, me fez lembrar da passagem bíblica que nossa irmã da igreja havia falado para mim e para minha esposa. Os adversários iam se bater, se ferir, se enfraquecer. Com os dois expulsos, fiz uma analogia do que estava acontecendo em campo. Era aquilo mesmo.

Com dois a menos, era só esperar o apito final. Um erro. Aos 41 e meio, Acosta sofre falta já em nosso campo. Na cobrança a bola é tirada por Sandro Goiano para a direita, e cai nos pés do jogador do Corinthians. Ele joga para a entrada da área e deixa Acosta livre.

A única reação que tive foi sair correndo em direção ao atacante, que já estava pronto para chutar. No carrinho, sai nos pés do jogador, dividindo o lance, que na confusão ficou presa nas mãos do Acosta. Falta para nós e um silêncio absoluto no estádio. Que susto!

Alguns jogadores do Corinthians reclamaram de pênalti no lance. Tenho certeza absoluta de que se não me jogo, a conquista da Copa do Brasil não chegaria naquela noite.

Não havia mais tempo. Alício Pena Junior, o mesmo que me ameaçara de maneira duvidosa no jogo contra o Vasco, foi incumbido de dar o apito final. O Sport Club do Recife se sagrava CAMPEÃO DA COPA DO BRASIL 2008.

CAMPEÃO DA COPA DO BRASIL 2008.

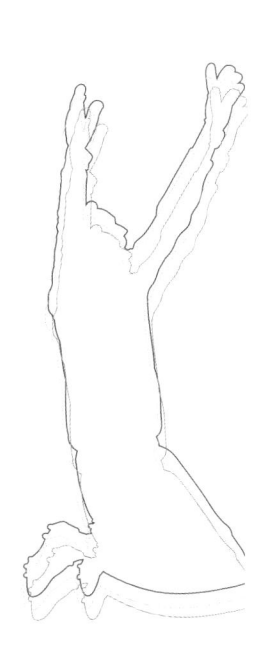

★ ★ ★

OBRIGADO SPORT

CAMPEÃO DA COPA DO BRASIL OBRIGADO, SPORT

A conquista da Copa do Brasil foi um presente de Deus na minha vida. Muitos times grandes, alguns jogadores que são rodados dentro e fora do Brasil, não ganharam e eu passava a ter meu nome na história da competição.

Pelo decorrer do campeonato, via que o nosso time era bom, com totais possibilidades de ganhar o título. Mas vejo também que Deus colocou a mão dele na nossa equipe, principalmente no jogo final.

Nosso time não possuía vaidade. Não existia estrelismo dentro do clube. A estrela maior era o grupo.

Nos instantes finais, em que estávamos perto de sermos campeões, um filme passou na minha cabeça. Você fica delirando, na verdade. A alegria é difícil de descrever. É felicidade total. Realização profissional. Porque o título é isso, realização profissional, ainda mais um título da Copa do Brasil, um título inédito, tanto para o clube quanto para mim.

Outra emoção era ainda mais pessoal. Na infância fui torcedor ferrenho do Corinthians, frequentava a Gaviões da Fiel, ia aos estádios, viajava nas caravanas Brasil afora. Na semana da final, eu e minha esposa recebemos diversas ligações da organizada, tomando pressão para que o coração falasse mais alto do que a razão.

Na felicidade em que minha vida se encontrava, nunca que concordaria com tal postura.

Desliguei todos os meus telefones e de minha esposa. Meu foco era aquela decisão. Meu coração era rubro-negro.

Naquela final, o espaço de lembranças tão especiais da minha vida antes de me tornar goleiro foi colocado de lado e meu profissionalismo comandou meu corpo, minha meta, meu objetivo maior. Aliás, na gratidão eterna pelo Sport, não cabe almejar passado e, sim, viver o glorioso presente, entrar para a história com o time, ser campeão.

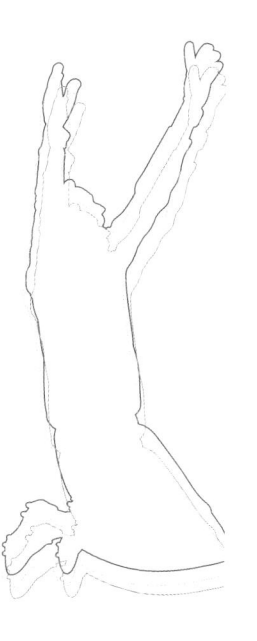

Me lembro de sair do estádio, ir para casa, passar a noite virado, sem dormir. Aliás, foi uma dupla comemoração. Na véspera do jogo da final, eu e minha esposa tínhamos visto um apartamento. Conforme o Sport foi passando de fase, a torcida descobriu onde morávamos, para dar apoio, essas coisas. Um volume de gente cada vez maior, o que nos obrigou a procurar outro canto para viver.

Gostamos do apartamento. Conversei com a minha esposa: com a premiação da Copa do Brasil a gente consegue comprar nosso novo lar. Fechamos a documentação da casa antes da decisão, contando que a gente ia ganhar.

Não existia nenhum sentimento de dúvida. A gente tinha a certeza de que iria ser campeão e a gente fechou negócio, antes mesmo de fato consumado. Quando acabou o título e tudo, minha esposa falou: "ó, tenho uma surpresa para você, a gente não vai voltar para casa, vamos para o apartamento".

Quando fomos campeões, fui para a nova residência. Fiquei na varanda ali com minha esposa e meu cachorro até às 5 horas da manhã. Aliás, ela foi descansar já de madrugada. Com o dia claro, eu e meu cachorro descemos e fomos procurar uma banca de jornal. Ainda era muito cedo, nada estava aberto. Andamos sem se preocupar com nada, pois éramos campeões e era isso que importava. Nada estragaria aquele momento.

Andei muito até conseguir encontrar a primeira banca aberta. Na manchete, o título da Copa do Brasil. Não pensei duas vezes. Peguei o pôster de campeão e, já de volta ao meu novo aconchego, colei na sala aquele que seria um título muito especial na minha carreira. Algo fantástico e sem descrição.

Só tenho a agradecer a Deus por poder fazer parte deste grupo e a todos do Sport, desde a diretoria, comissão técnica, torcedores que compareceram em massa nos apoiando e aos profissionais operacionais que tanto vibraram com a nossa conquista. Há cinco anos nos tornávamos o maior do Brasil, o legítimo campeão deste país de vastidão de costumes e com o coração voltado à paixão chamada futebol.

Obrigado, Sport Club do Recife.

A ESTRELA MAIOR ERA O GRUPO.

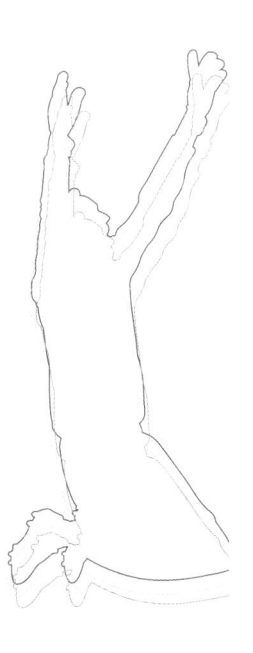

★ ★ ★

DEPOIMENTOS

MARYLU SANTOS
ESPOSA DO MAGRÃO

Chegando aqui em Recife em 2005, tínhamos muitos desafios a serem vencidos, vínhamos de três clubes que não honraram seu compromissos salariais. Três filhos, muitos dívidas em uma bagagem cheia de expectativas e sonhos que almejávamos.

O Alessandro (MAGRÃO) com seu dom e talento sempre se mostrou um profissional dedicado, acreditando que mover a montanha nesta nova terra iria requerer fé, perseverança e muito trabalho. O Sport Club do Recife nos uniu às grandes possibilidades, às grandes conquistas, nossos objetivos pessoais e profissionais se consolidaram juntos. Grata sou a este honrado clube.

O ano de 2008, na Copa do Brasil, Magrão fez parte de uma grande equipe, um grupo de jogadores onde a perseverança fez parte para a conquista do campeonato.

No dia da decisão, eu e meus filhos (Gabriela, Lucas e Rafael) entramos em campo junto com o nosso guerreiro Magrão, sim, entramos em campo com orações, gritos, lágrimas e cumplicidade por estarmos vivendo aquele momento com ele (meu amor Alessandro). Após o apito final, a superação fez parte desta conquista. Agradeço ao meu Senhor Jesus por ter vivido junto com meu esposo este momento de tanta alegria para nossas vidas e para milhares de torcedores.

Após esta conquista lembro-me de ter passado a noite, meu esposo e eu, de mãos dadas, dormindo com os olhos abertos, pois não queríamos deixar escapar nenhuma lembrança ou momento daquele dia tão especial da conquista da Copa do Brasil de 2008, um marco em nossa vida pessoal.

Agradeço ao meu amor por sua dedicação em casa e no trabalho, por esta vitória que nos trouxe com tanta dedicação e superação. Me orgulho de você, pois faz parte desta história.

Te amo

SABRINA ROCHA
JORNALISTA – REDE GLOBO NE

Se em vez de escrever eu pudesse começar a contar essa história com um som, eu faria o seguinte: chamaria Rembrandt Junior para me ajudar. Participação especial pra narrar uma só palavra:

Magrãaaaaaaoooooo !!!!!

Em 2007, Rembrandt repetiu muitas vezes esse nome. Precisou estender, alongar, espichar as duas últimas letras do nome do goleiro. Uma maneira de descrever fielmente o que estava vendo: Magrão com ÃO. No aumentativo sempre.

Foi um gigante! Sofreu 13 gols em 12 jogos.

Virou ídolo. Não só pela conquista em campo. A atuação fora do gramado merecia um título também. O de cidadão. E ele ganhou. O paulista virou cidadão do Recife e de Pernambuco.

Recebeu as homenagens aos prantos. Magrãããããããooooooooo !

Fez muita gente sorrir. Estive por perto em alguns desses momentos.

Os fãs que transformaram em realidade o sonho de conhecer o goleiro nunca se decepcionaram. Encontraram um homem simples. Um ídolo de verdade.

Mas foi em um hospital que Magrão me emocionou também. Ao visitar crianças com câncer, ele não teve pressa. Teve ouvidos. Teve sorrisos. E fez daquele momento um instante mágico.

Sim, Magrão é muito ÃO!

Um grande goleiro, um grande homem.

RICARDO TAVES
BLOGUEIRO DO CORINTHIANS – GLOBOESPORTE.COM

O Corinthians vivia, talvez, o ano mais difícil de sua história. O Sport chegava mais inteiro até a final. Ainda assim, no primeiro jogo, o alvinegro paulista conseguiu impor um 3 a 0 que parecia irreversível para o Leão da Ilha.

Parecia.

Quando Enílton marcou o gol no Morumbi, tudo parecia definitivo. As palavras de Carlinhos Bala dizendo que aquele seria o tento do título do Sport, faziam completo sentido.

O Leão da Ilha estava mais preparado, tinha cara de campeão. O que fizeram contra Palmeiras, Internacional e Vasco da Gama, principalmente jogando na Ilha do Retiro, credenciava a equipe pernambucana ao título e colocava o Corinthians, mesmo com dois gols de vantagem, em uma posição desconfortável.

O Sport quebrou tabus. Conquistou seu primeiro título da Copa do Brasil, mas acima de tudo reverteu um placar jamais revertido em uma decisão da competição. O Corinthians foi sufocado de uma forma que quando acordou para o jogo já perdia por 2 a 0.

Perdeu o jogo e a cabeça, com dois jogadores expulsos.

Um título justo e irretocável. Uma campanha inesquecível para os torcedores rubro-negros.

De forma justa, limpa e na bola.

MAURO BETING
JORNALISTA

O tempo regulamentar estava esgotado. O Sport, não. O Corinthians praticamente festejava o título por antecipação. Devolver um 3 a 0 seria muito difícil em qualquer campo. Ainda que a Ilha não seja um estádio qualquer. E não foi mesmo na grande decisão de 2008.

Também por que Enilton foi maior. Fez um gol do tamanho do Morumbi aos 45 minutos e 16 segundos do final da primeira partida. Diminuindo a dor dos 3 a 1. Fazendo o justo para a conquista ainda mais justa. Quando, em três minutos eternos no Recife, Carlinhos Bala abriu o placar de um jogo que era todo paulista. Até Luciano Henrique (o substituto de Romerito) cruzar para Enilton que viera do banco entrar para a história, atrapalhando Felipe, e iniciando mais uma festa do Sport.

Garantida no segundo tempo por grande defesa de Magrão. Pela regularidade de Durval. Pela capacidade de Nelsinho. Por uma torcida que jogou tanto quanto o time de Nelsinho Batista. E que vibrou com o título às 23h53 de uma quarta-feira que não termina. Eterniza.

Vitória conquistada contra Corinthians, Vasco, Internacional, Palmeiras. Contra grandes que eram favoritos na Copa do Brasil. Não foram. O futebol é assim. É superação. É surpresa. O Sport foi assim em 2008. Muitas vezes antes, algumas depois. Ninguém melhor em 2008. Movendo pedras e montanhas.

Ganhando bonito na Ilha do campeão.

CABRAL NETO
COMENTARISTA – TRANSAMERICA RECIFE

Magrão foi monumental na conquista, sua serenidade e precisão chamaram a atenção na Copa do Brasil 2008. Decisivo em todos os jogos, fundamental em todas as vitórias e marcante em todo o caminho percorrido. Dentre tantos momentos, destaco a excelente defesa aos 46 minutos do 1.º tempo da decisão contra o Corinthians/SP, na cabeçada de Fabinho; o desarme perfeito em cima de Acosta aos 43 minutos do 2.º tempo, nesse mesmo jogo; o gol de pênalti contra o Vasco, marcas inesquecíveis de um goleiro que escreveu a história fincando para sempre seu nome no memorável título. Parabéns, Sport! Parabéns, Magrão!

ADERVAL BARROS
COMENTARISTA ESPORTIVO

A Copa do Brasil conquistada pelo o Sport em 2008 foi uma das mais difíceis da história, um título que vai fica na memória do torcedor do Sport para sempre. Todos os jogos foram disputados com muita raça, com muita garra e que exigiu muita determinação de todos. Alguns jogadores foram importantes nessa conquista e o goleiro Magrão foi na minha opinião o principal, autor de defesas espetaculares em momentos decisivos. Magrão, além de um atleta extraordinário foi um exemplo dentro e fora de campo. Sou muito grato a Deus em poder ter vivido esta conquista e poder escrever este depoimento.

MARCELO CAVALCANTE
JORNALISTA DO SISTEMA JORNAL DO COMMERCIO

Magrão é um exemplo de superação no futebol. Chegou no Sport sob a desconfiança do torcedor e da imprensa. Foi vaiado e muito criticado. Em silêncio, trabalhou, evoluiu, ganhou confiança e se estabeleceu no time. Em 2008, foi uma das peças mais importantes na conquista do título da Copa do Brasil. Isso porque já havia se tornado uma referência na equipe, um exemplo para os atletas mais jovens. Ídolo do Sport e respeitado por outros torcedores, Magrão é, sem dúvida, o ícone do futebol pernambucano da última década.

CASSIO ZIRPOLI
JORNALISTA DIÁRIO DE PERNAMBUCO

O Sport já teve grandes goleiros em sua história. Revelou Manga, que dispensa apresentações. País e o comando de uma nação na década de 1980. Viu Gilberto defender a meta leonina em 1992 e ser premiado como o melhor goleiro daquele campeonato nacional. E Bosco?

Convocado para a Seleção Brasileira por três técnicos diferentes, sempre atuando na Ilha. Ao completar um século de história, o Sport viu a chegada daquele que seria o maior camisa 1 da história rubro-negra, apesar da enorme concorrência. Uma história que se mantém viva por quase dez anos. No Leão, Magrão passou por quase tudo, entre altos e baixos, sem jamais mudar o seu perfil diferenciado no futebol, que o levou a ser admirado até por torcedores adversários. Na Copa do Brasil de 2008, na segunda estrela dourada do clube, dividiu todos os momentos com o torcedor rubro-negro. Somou ao carisma, claro, liderança, agilidade e elasticidade. Sem tudo isso a taça não estaria no clube.

NELSINHO BAPTISTA – TÉCNICO DO SPORT NA CONQUISTA DA COPA DO BRASIL EM 2008

Um atleta de muita qualidade e alto rendimento.
Exerce uma liderança natural perante o grupo com muita humildade. Foi uma referência na conquista da Copa do Brasil.

EDUARDO BAPTISTA PREPARADOR FÍSICO DO SPORT

O relógio marcava 23h30 do dia 11 de junho de 2008. Ilha do Retiro completamente lotada e fervendo em vermelho e preto. O cronômetro do juiz Alício Pena Júnior marcava 35 minutos do segundo tempo e o atacante corinthiano Acosta escapava da nossa zaga e se via cara a cara com Magrão.

Silêncio na Ilha. Todos atônitos e angustiados até que o Paredão da Ilha cresce a frente do atacante corinthiano e numa defesa das mais arrojadas, e de muita coragem, Magrão neutraliza o perigo e detona a Ilha do Retiro em uma explosão histórica de alegria, emoção e orgulho de ser Sport. Naquele momento pude gritar: sou campeão da Copa do Brasil!

Homem de caráter, pai de família, exemplo de atleta. Isso é Magrão. Gravou seu nome no coração de todos rubro-negros e no futebol brasileiro. Para mim é uma benção poder ter Magrão como companheiro de trabalho e como amigo.

Obrigado Magrão.

MACIEL JUNIOR – COMENTARISTA ESPORTIVO (SISTEMA JORNAL DO COMMERCIO)

Acompanhei de perto a trajetória vitoriosa deste que considero um dos melhores goleiros do Brasil. O magro ou o mago das defesas impossíveis, Magrão já parece uma trave, alto, esguio e com a frieza dos grandes arqueiros. Magrão teve o seu momento difícil na Ilha, mas superou tudo, inclusive a reserva e a desconfiança para se transformar numa lenda viva do futebol pernambucano, profissional ao extremo e respeitado até pelos rivais e elogiado até pelos grandes goleiros do Brasil. Aquela defesa memorável no jogo contra o Colo-colo, na Libertadores, foi sem duvidas uma das mais bonitas que vi. São Magrão ainda foi fundamental na conquista da Copa do Brasil 2008. Uma estátua para Magrão ainda era pouco por tudo que fez pelo Sport.

PAULO HENRIQUE TAVARES - JORNALISTA ESPORTIVO DA FOLHA DE PERNAMBUCO E TORCEDOR DO SPORT

Magrão foi decisivo até quando falhou. Precisava ser aos 45 do segundo tempo, largando uma bola nos pés do vascaíno Edmundo. Paciência. Do contrário, uma série de acontecimentos seria desencadeada. O fim da história ganharia "enes" desfechos. Alguns bons, outros ruins. Magrão falhou para ser decisivo. O título de 2008 foi sacramentado após as emoções sentidas na disputa de pênaltis das semifinais. Essa era a história que estava escrita. O camisa 1 não recebeu a santificação das arquibancadas por acaso. Às vezes, é preciso errar como humano para fazer o destino caminhar sob a sua tutela.

FICHAS TÉCNICAS

27/02/2008
Imperatriz 2 x 2 Sport

Estádio: Frei Epifânio (Imperatriz/MA)

Gols: Durval, aos 16, e Fabinho Paulista aos 17, no primeiro tempo. Carlinhos Bala, aos 29, e Valdanis, aos 41, no segundo tempo.

Imperatriz: Rodrigo Ramos; Gilmar (Marquinhos), Adson, Júnior Baiano (Valdanis) e Edson; Cristiano, Wellington, Fabinho Paulista e Romarinho (Vagner Pereira); Lindoval e Rubsen. Técnico: Sérgio Belfort.

Sport: Magrão; Luisinho Netto, Igor, Durval e Fábio Gomes (Kássio); Daniel Paulista (Everton), Sandro Goiano, Romerito e Luciano Henrique; Carlinhos Bala e Leandro Machado (Enílton). Técnico: Nelsinho Baptista.

05/03/2008
Sport 4 x 1 Imperatriz

Estádio: Ilha do Retiro (Recife/PE)

Gols: Luisinho Netto, aos 14 do primeiro tempo. Romerito, aos 16 do primeiro tempo. Fabinho Paulista, aos 11 do segundo tempo. Igor, aos 16 do segundo tempo. Reginaldo, aos 25 do segundo tempo.

Sport: Magrão; Luisinho Netto, Igor, Durval e Fábio Gomes; Daniel Paulista, Everton, Luciano Henrique (Kássio) e Romerito; Carlinhos Bala e Leandro Machado (Reginaldo). Técnico: Nelsinho Baptista.

Imperatriz: Rodrigo Ramos; Claybe (Gilmar), Adson, J. Baiano e Édson (Índio); Cristiano, Wellington, Fabinho e Romarinho; Lindoval e Paraguaio (Valdanis). Técnico: Sérgio Belfort.

02/04/2008
Brasiliense 1 x 2 Sport

Estádio: Boca do Jacaré (Taguatinga/DF)

Gols: Patrick ao um minuto do primeiro tempo. Dutra, aos 34 do primeiro tempo. Romerito aos 32 do segundo tempo.

Brasiliense: Luiz Muller, Patrick, Junior Baiano, Ailson e Gleidson; Bidu (Coquinho, 32'/2ºT), Juninho (Eduardo, 17'/2ºT), Iranildo e Rodriguinho; Dimba e Jóbson. Técnico: Gérson Andreotti

Sport: Magrão, Luizinho Netto, Durval, Igor e Dutra; Daniel Paulista, Everton (Enílton, 35'/2ºT), Kássio e Romerito; Carlinhos Bala (Sandro Goiano, 34'/2ºT) e Leandro Machado (César Lucena, 13'/2ºT). Técnico: Nelsinho Baptista.

09/04/2008
Sport 4 x 1 Brasiliense

Estádio: Ilha do Retiro (Recife/PE)

Gols: Carlinhos Bala, aos 23 minutos do primeiro tempo. Igor, aos 28 minutos do primeiro tempo. Roger, aos 40 minutos do primeiro tempo. Enílton, aos 11 minutos do segundo tempo, Iranildo, aos 36 do segundo tempo.

Sport: Magrão; Luisinho Netto, Igor, César e Dutra (Fábio Gomes); Daniel Paulista, Sandro Goiano, Romerito e Carlinhos Bala; Roger (Kássio) e Enílton. Técnico: Nelsinho Baptista.

Brasiliense: Guto; Patrick, Júnior Baiano (Padovani), Ailson e Gleidson; Agenor, Coquinho (Juninho), Eduardo e Iranildo; Dimba e Adrianinho (Jóbson). Técnico: Gérson Andreotti.

24/04/2008
Palmeiras 0 x 0 Sport

Estádio: Parque Antarctica (São Paulo/SP)

Palmeiras: Marcos, Wendel, Gustavo, Henrique e Leandro; Martinez, Léo Lima (Élder Granja), Diego Souza (Alex Mineiro) e Valdivia; Denílson (Lenny) e Kleber. Técnico: Vanderlei Luxemburgo.

Sport: Magrão; Luisinho Netto, Igor, Durval e Dutra; Daniel Paulista, Everton, Sandro Goiano (Kássio) e Romerito; Carlinhos Bala (Bia) e Roger (Leandro Machado). Técnico: Nelsinho Baptista.

30/04/2008
Sport 4 x 1 Palmeiras

Estádio: Ilha do Retiro (Recife/PE)

Gols: Romerito, aos 6 minutos do primeiro tempo, aos 31 minutos do primeiro tempo e 42 minutos do primeiro tempo. Alex Mineiro, aos 15 minutos do primeiro tempo; Dutra, aos 19 minutos do segundo tempo.

Sport: Magrão, Diogo, Igor (César), Durval e Dutra; Daniel Paulista, Éverton, Kássio (Fábio Gomes) e Romerito; Carlinhos Bala e Leandro Machado (Roger). Técnico: Nelsinho Baptista.

Palmeiras: Marcos, Élder Granja (Makelele), Gustavo, Henrique e Leandro; Pierre (Denilson), Martinez (Francis), Diego Souza e Valdivia; Kléber e Alex Mineiro. Técnico: Vanderlei Luxemburgo.

07/05/2008
Internacional 1 x 0 Sport

Estádio: Beira-Rio (Porto Alegre/RS)

Gol: Alex, aos 8 minutos do segundo tempo

Internacional: Clemer; Bustos, Índio, Orozco e Marcão; Danny Morais, Guiñazu, Andrezinho (Gil) e Alex (Jonas); Fernandão e Nilmar (Iarley). Técnico: Abel Braga

Sport: Magrão; Luisinho Neto, Igor, Durval e Dutra; Daniel Paulista, Sandro Goiano (Júnior Maranhão), César Lucena e Romerito; Carlinhos Bala (Kássio) e Enílton. Técnico: Nelsinho Baptista.

14/05/2008
Sport 3x1 Internacional

Estádio: Ilha do Retiro (Recife/PE)

Gols: Leandro Machado, aos três, Sidnei, aos 30 minutos do primeiro tempo, Roger, aos 16, e Durval, aos 33 do segundo tempo.

Sport: Magrão, Luisinho Netto (Diogo), Igor, Durval e Dutra; Fábio Gomes, Sandro Goiano, Luciano Henrique e Carlinhos Bala; Enilton (Roger) e Leandro Machado (Cássio). Técnico: Nelsinho Baptista.

Internacional: Clemer, Bustos, Sidnei (Pessanha), Orozco e Titi (Derley); Danny Morais (Iarley), Jonas, Guiñazu e Alex; Nilmar e Fernandão. Técnico: Abel Braga.

21/05/2008
Sport 2 x 0 Vasco da Gama

Estádio: Ilha do Retiro (Recife/PE)

Gols: Durval, aos 14 minutos do primeiro tempo. Daniel Paulista, aos 18 minutos do primeiro tempo.

Sport: Magrão; Luisinho Netto, Igor, Durval e Dutra; Daniel Paulista (Éverton 7'/2ºT), Sandro Goiano (Fábio Gomes 27'/2ºT), Romerito e Carlinhos Bala; Enílton (Kássio 14'/2ºT) e Leandro Machado. Técnico: Nelsinho Baptista.

Vasco da Gama: Tiago; Jorge Luiz, Rodrigo Antônio (Luizão 43'/2ºT), e Eduardo Luiz; Wagner Diniz, Jonílson, Leandro Bomfim (Pablo 29'/2ºT), Morais e Madson (Jean, intervalo); Leandro Amaral e Edmundo. Técnico: Antônio Lopes.

28/05/2008
Vasco 2 x 0 Sport
(Nos pênaltis, Vasco 4 x 5 Sport)

Estádio: São Januário (Rio de Janeiro/RJ)

Gols: Leandro Amaral, aos 19 minutos do segundo tempo. Edmundo, aos 45 minutos do segundo tempo.

Decisão por pênaltis: 1º pênalti - Vasco - Edmundo – erra, 1º pênalti - Sport - Luizinho Netto – acerta, 2º pênalti - Vasco - Leandro Amaral – acerta, 2º pênalti - Sport - Fábio Gomes – acerta, 3º pênalti - Vasco - Tiago - acerta, 3º pênalti - Sport - Magrão – acerta, 4º pênalti - Vasco - Leandro Bomfim - acerta, 4º pênalti - Sport - Dutra - acerta, 5º pênalti - Vasco - Wagner Diniz – acerta e 5º pênalti - Sport - Carlinhos Bala – acerta.

Vasco da Gama: Tiago; Wagner Diniz, Jorge Luiz, Luizão e Pablo; Jonílson, Leandro Bomfim, Morais (Madson 14'/2ºT (Rodrigo Antônio 28'/2ºT)) e Alex Teixeira (Jean, intervalo); Leandro Amaral e Edmundo. Técnico: Antônio Lopes.

Sport: Magrão; Igor, Durval e César; Luisinho Netto, Daniel Paulista, Sandro Goiano (Everton 23'/2ºT), Luciano Henrique (Fábio Gomes 18'/2ºT) e Dutra; Carlinhos Bala e Leandro Machado (Enilton 15'/2ºT). Técnico: Nelsinho Baptista.

04/06/2008
Corinthians 3 x 1 Sport

Estádio: Morumbi (São Paulo/SP)

Gols: Dentinho, aos 18 do primeiro tempo. Herrera, aos 22 minutos do primeiro tempo; Acosta, aos 30 minutos do segundo tempo. Enílton, aos 46 minutos do segundo tempo.

Corinthians: Felipe; Carlos Alberto, Chicão, William e André Santos; Fabinho, Eduardo Ramos (Nilton), Alessandro (Fábio Ferreira) e Diogo Rincón (Acosta); Herrera e Dentinho. Técnico: Mano Menezes.

Sport: Magrão; Luizinho Netto, Igor, Durval e Dutra; Fábio Gomes, Daniel Paulista, Sandro Goiano (Everton) e Luciano Henrique (Roger); Carlinhos Bala e Leandro Machado (Enílton). Técnico: Nelsinho Baptista.

11/06/2008
Sport 2 x 0 Corinthians

Estádio: Ilha do Retiro (Recife/PE)

Gols: Carlinhos Bala, aos 34 minutos do primeiro tempo. Luciano Henrique, aos 36 do primeiro tempo.

Sport: Magrão; Diogo, Igor, Durval, Dutra; Daniel paulista, Sandro Goiano, Luciano Henrique (Everton) e Kássio (Enílton); Leandro Machado (Roger) e Carlinhos Bala. Técnico: Nelsinho Baptista.

Corinthians: Felipe; Carlos Alberto (Lulinha), Chicão, William e André santos; Fabinho, Eduardo Ramos, Alessandro e Diogo Rincón (Acosta); Herrera e Dentinho (Wellington Saci). Técnico: Mano Menezes.

Dados Internacionais de Catalogação na Publicação (CIP)
(Câmara Brasileira do Livro, SP, Brasil)

Rosa, Alessandro Beti
   Copa do Brasil 2008 : há cinco anos o Brasil era rubro-negro! / Alessandro Beti Rosa (Magrão) . -- São Paulo : BB Editora, 2013.

   1. Copa do Mundo (Futebol) 2. Copa do Mundo (Futebol) - História 3. Sport Club do Recife I. Título.

13-06691   CDD-796.3346609

Índices para catálogo sistemático:

1. Copa do mundo : Futebol : História
   796.3346609

BB EDITORA
Rua Barão do Triunfo, 88 - 14. andar
CEP 04602-000 - Campo Belo
São Paulo - SP
Tel.: 5054-7757

www.bbeditora.com.br

Direção Geral
Baroni Neto

Direção de Criação
Marcelo Souza e Rafael Sanches

Direção de Redação e Edição
Rafael Silvestre

Revisão
Ricardo Neistat

Colaboração
Henrique Pelosi

Fotos
JC Imagem e Acervo Sport Club de Recife
Aberturas dos capítulos: Wagner Damásio

DISTRIBUIÇÃO EXCLUSIVA
Distribuidora Para Todos
www.distribuidoraparatodos.com.br
(11) 2507-4749